ÉTUDE SUR L'ENSEIGNEMENT

DE

L'ÉCONOMIE POLITIQUE

DANS LES UNIVERSITÉS D'ALLEMAGNE ET D'AUTRICHE

IMPRIMERIE
CONTANT-LAGUERRE

BAR-LE-DUC

ÉTUDE SUR L'ENSEIGNEMENT

DE

L'ÉCONOMIE POLITIQUE

DANS LES

UNIVERSITÉS D'ALLEMAGNE ET D'AUTRICHE

PAR

HENRI St-MARC

PROFESSEUR A L. FACULTÉ DE DROIT DE BORDEAUX

PARIS

L. LAROSE ET FORCEL

Libraires-Éditeurs

22, RUE SOUFFLOT, 22

ARMAND COLIN ET Cie

Éditeurs

1, 3, 5, RUE DE MÉZIÈRES

1892

ÉTUDE SUR L'ENSEIGNEMENT

DE

L'ÉCONOMIE POLITIQUE

DANS LES UNIVERSITÉS D'ALLEMAGNE ET D'AUTRICHE.

Aujourd'hui, plus que jamais, la science est internationale. Les travaux des savants de chaque pays sont aussitôt connus, critiqués, utilisés dans le monde entier; et, quoique chacun reste jaloux de sa nationalité, cette jalousie se manifeste par la concurrence, non par l'isolement. L'Économie politique, moins que toute autre, peut échapper à cette règle. La variété comme l'unité des phénomènes de richesse dans les diverses sociétés lui impose une méthode d'observations multiples. Des tendances communes de l'humanité aussi bien que des directions particulières ou même anormales de certains peuples, de la pensée de toutes les Écoles, elle doit faire également son profit; et, dans cette période de début, qui est encore la sienne, elle peut d'autant moins refuser le secours d'aucun pays qu'elle ne sait pas encore de quel côté lui viendra la lumière.

Ces idées, depuis surtout une dizaine d'années, semblent avoir pénétré les économistes des grandes nations. Les Américains du Nord, se lançant enfin sur le terrain de la science avec la même impétuosité que sur celui des affaires, fondent, en même temps que leurs Universités si richement dotées[1], de nombreuses revues, dont l'un des principaux buts est la connaissance du mouvement scientifique étranger[2]. Ils envoient dans le vieux monde, principale-

---

[1] Voy. t. III de la *Revue d'économie politique* notre compte-rendu du travail de G. Cohn, *État actuel de l'économie politique aux États-Unis*, 1889, p. 605.
[2] *Academic Instruction in Political and Economic Science in Italy* by Roland

ment en Allemagne, des jeunes gens pleins de talent, qui, plus tard, devenus professeurs, savent développer leur originalité propre, tout en s'inspirant des travaux de leurs maîtres, avec lesquels ils restent en relations affectueuses et suivies.

Les Italiens, avec la souplesse qui les caractérise, traduisent, compilent, résument les livres étrangers, surtout allemands, sans renoncer pour cela à produire pour leur propre compte.

Les Belges, comme les Suisses, savent toutes les langues, et en profitent.

Les Anglais, qui semblaient produire l'économie politique avec la même supériorité que la houille ou le fer, et en avoir fait un article d'exportation, entrent aussi dans le courant. Leurs relations avec l'Allemagne deviennent plus fréquentes; ils corrigent par des doses prudemment administrées d'éthique germaine ce que leurs théories individualistes avaient de glacial et de sec[1].

Enfin les Allemands, lecteurs infatigables, chercheurs patients, toujours en quête de spécialités, possèdent à fond toutes les littératures économiques, et notamment, connaissent la nôtre aussi bien que nous-mêmes.

Pendant ce temps, que font les Français? Précisément à la même époque où ce mouvement, chez les autres peuples, naît ou s'accélère, chez nous il semble s'arrêter. Avant 1870, on traduisait les bons ouvrages étrangers, on les discutait, on connaissait les grands économistes des pays voisins. Depuis cette date, nous paraissons, non seulement nous absorber en nous-mêmes, ce qui est quelquefois un bien, mais ne nous complaire qu'en nous-mêmes, ce qui est un tort. Nous ignorons systématiquement les économistes étrangers, notamment les plus célèbres, les Allemands; nous ne les connaissons que par les comptes-rendus rapides, persifleurs, dédaigneux du *Journal des Économistes*, où la plume semble une férule[1].

P. Falkner (Annals of the American Academy of Political and Social Science, avril 1889). — *The teaching of political science at Oxford*, by D. G. Ritchie (*ibid.*, n° 31). — *Instruction in German Universities : in public law and Economics in Germany* by Leo S. Rowe (juillet, octobre 1850, *ibid.*). — *Instruction in french Universities* (janv. 1892) by. Leo S. Rowe.

[1] Voy. t. IV de la *Revue d'économie politique* notre compte-rendu du travail de G. Cohn, *État actuel de l'économie politique en Angleterre*, 1890, p. 430.

[1] Cousus ensemble tant bien que mal, ces articles ont fini par faire un ouvrage en deux volumes, que M. Block a intitulé : *Les progrès de la science économique depuis Adam Smith*, Paris, Guillaumin, 1890.

Toutefois, depuis quelques années, un certain nombre de professeurs d'Économie politique de nos Facultés de droit, s'étaient sentis las de cette tutelle; ils voulurent voir par leurs yeux, croyant que des rapports suivis pouvaient se nouer entre les économistes français et ceux du monde entier, au grand avantage de la science; ils résolurent d'abaisser les barrières et de pratiquer largement le libre échange des idées, ce qui, si l'Économie politique dit vrai, est peut-être le plus sûr stimulant pour en avoir. C'est de cette pensée que naquit un recueil, la *Revue d'économie politique,* fondée depuis déjà cinq ans, tribune ouverte à tous, qu'ont occupée à titre permanent ou accidentel les principaux économistes de tous les pays. C'est aussi par un haut encouragement pour cette tentative, que nous a été confiée la mission d'étudier sur les lieux l'enseignement de l'économie politique dans les Universités des pays de langue allemande. A défaut d'autre mérite, ce rapport aura, nous l'espérons, celui de marquer une étape dans cette voie, en familiarisant le public français avec les noms et les idées des jurisconsultes éminents, qui dirigent et façonnent l'élite intellectuelle de nos voisins d'outre-Rhin. D'ailleurs, ainsi que notre mission le comportait, nous bornerons cette étude à l'enseignement des Universités, et, dans l'enseignement des Universités, à celui des maîtres qui, actuellement, y tiennent les grands cours, comme on dit là-bas. Pour l'époque antérieure nous ne pouvons que renvoyer aux ouvrages spéciaux, notamment Eisenhart, *Geschichte der National-OEkonomik.*

Pour introduire quelque méthode dans nos observations, voici le plan auquel nous nous arrêterons :

1° De l'esprit de l'enseignement de l'Économie politique.

2° De la technique de cet enseignement.

3° Comparaison avec le système français.

PREMIÈRE PARTIE.

De l'esprit de l'enseignement de l'Économie politique.

L'Économie politique est la science de la richesse sociale, ou, comme le disait déjà Ad. Smith, de la richesse des Nations. Cette définition, si simple en apparence, est grosse de difficultés. D'abord, le mot « science », dans la langue vulgaire, présente une équivoque : il comprend, à la fois, la science proprement dite et l'art. Ensuite, cette précision de richesse sociale, richesse des nations, soulève, qu'on le veuille ou non, les questions fondamentales de l'existence des Sociétés à titre d'êtres distincts, et de la classification des Sociétés en types différents, soumis à des règles propres.

Nous ne pouvons entrer dans le détail des controverses : il nous suffît, pour donner un point de départ et un plan à cette étude, d'exprimer ici notre opinion. Les Sociétés sont, en effet, des êtres ayant une existence distincte de celle des individus qui les composent. Du moins, en pratique, les choses se passent-elles toujours comme s'il en était ainsi. Sans doute aussi, ces Sociétés doivent-elles être classées en types différents, tant sous le rapport de la constitution, que sous celui de l'âge; et la détermination de ces types est un des buts principaux de la Sociologie. Enfin, dans ces Sociétés, se passent divers phénomènes, les uns de cohésion, comme les phénomènes moraux et juridiques; d'autres, de richesse, comme les phénomènes économiques. C'est de ces derniers seulement que traite notre science.

Cette science se distingue en science proprement dite et en art. La science proprement dite s'attache à saisir les rapports nécessaires de séquence et de coexistence des phénomènes, qu'on appelle leurs lois. L'art se propose un but pratique, à savoir, par la connaissance, ou même, malgré l'ignorance de ces lois (alors il s'appelle plutôt empirisme) de provoquer ou d'éviter tel ou tel phénomène. Les règles d'art peuvent être coordonnées en théories. La connaissance de ces théories d'art est quelquefois improprement appelée science.

Enfin, à côté des théories d'art et de la science, il y a la pratique, plus ou moins inspirée d'elles, mais aussi plus ou moins personnelle, et qui laisse une large place au talent, au génie, à l'« aléa. »

Pour résumer ces notions dans une comparaison devenue bien banale, on peut dire que la science est comme l'anatomie et la physiologie du corps social; l'art comme la thérapeutique et l'hygiène; la pratique enfin, comme l'intervention personnelle de l'hygiéniste, du médecin ou du chirurgien.

Nous avons à étudier la position de l'Économie politique allemande vis-à-vis de la science, et vis-à-vis de l'art : ce sera l'objet de deux chapitres. Dans un troisième, abandonnant les considérations générales, nous essaierons de tracer le portrait des principaux économistes et de caractériser leur activité scientifique.

CHAPITRE PREMIER.

L'Économie politique allemande en tant que science.

Toute science doit être indépendante, puisqu'elle ne cherche que la vérité. Mais, dans les sciences sociales ou morales, cette indépendance est difficile à garder. Les solutions que donnent à l'éternelle question de notre destinée ici-bas la religion ou la philosophie, déterminent à notre insu notre angle de vision, car, en étudiant nos semblables, nous sortons peu de nous-mêmes. Ainsi la philosophie rationaliste du xviii° siècle a comme imprégné l'œuvre des premiers Économistes français et anglais de son caractère abstrait, universel, individualiste. Dans la science de la richesse des nations, ils n'ont vu que deux termes, l'individu et l'humanité, et ont précisément négligé la nation. De même la philosophie de Kant, en attribuant au droit de propriété un caractère aussi sacré qu'à la liberté individuelle, dont il est considéré comme une émanation, a déterminé une conception particulière d'Économie sociale et de Science des finances.

Aujourd'hui les questions de métaphysique semblent partout abandonnées. La philosophie affranchit les autres sciences du joug ancien. Elle les convie à poursuivre par elles-mêmes leurs recherches, dont elle attend les résultats pour les systématiser. La marque de sa suprématie sur elles, c'est cette liberté qu'elles pensent avoir acquise, mais qu'en réalité elle leur donne.

L'Économie politique allemande a largement profité de cette indépendance. Dans l'œuvre des vingt dernières années, nous trouvons souvent invoqués les principes de morale et de justice, mais elle ne les rattache à aucun principe supérieur. Quand elle les analyse, elle ne les considère que comme des produits organiques de la conscience sociale et de l'intelligence humaine[1]. On s'inquiète d'améliorer le sort de l'homme sur la terre sans se demander

[1] Schmoller, *Die Gerechtigkeit in der Volkswirthschaft* (Iahrbuch, 1881, p. 42 et s.)

pourquoi il y est : on étudie la marche des sociétés sans en
rechercher la raison dernière; et, satisfait de poursuivre les lois
de l'évolution, on renonce presque à en trouver le but. C'est l'application rigoureuse de la méthode positive.

Cette application de la méthode positive va même jusqu'à vouloir ignorer les principales affirmations de la philosophie positiviste, notamment le principe de la permanence et de l'identité de
la force, celui de la succession rhythmique de l'homogénéité et de
l'hétérogénéité. D'une prudence, d'une circonspection extrêmes,
l'Économie politique s'interdit toutes les généralisations qui ne
ressortent pas de l'étude de la richesse.

De même dans ses rapports avec la Sociologie. De ce que,
comme nous le dirons plus tard, l'Economie politique allemande,
avant Comte et Spencer, admet l'existence des sociétés comme
êtres distincts, ayant une économie propre[1], il ne s'ensuit pas
qu'elle se confonde avec la Sociologie, ni qu'elle ait créé celle-ci;
car alors cet honneur lui serait vraisemblablement disputé par le
Romain Ménénius Agrippa. L'adoption de ce point de vue n'est
qu'un point de départ commun aux diverses sciences sociales.
Il ne constitue pas plus la Sociologie que la connaissance des
chiffres ne constitue les mathématiques.

L'Économie politique allemande débarrassée ainsi de toute sujétion, et ce n'est pas un de ses traits les moins caractéristiques,
suivons-la maintenant sur son propre terrain, et voyons tout
d'abord comment elle a défini son objet.

.·.

Une terminologie bien faite est un précieux instrument. Nous
avons, en France, hérité de Montchrétien de Wateville le mot

----

[1] Ad. Müller, *Die Elemente der Staatskunft*, 1809. Du reste, peut-être, est-ce
chez Jean-Jacques Rousseau, d'où dérive déjà la doctrine individualiste des physiocrates, qu'on trouve scientifiquement exposée cette notion si importante pour
l'école historique : « le corps politique, pris individuellement, peut être considéré
comme un corps organisé, vivant et semblable à celui de l'homme. — La vie
de l'un et de l'autre est le *moi* commun au tout, la sensibilité réciproque, et
la correspondance interne de toutes les parties. Cette communication vient-elle
à cesser, l'unité formelle à s'évanouir, et les parties contiguës à n'appartenir
plus l'une à l'autre que par juxtaposition? l'homme est mort, ou l'État est dissous, » *Discours sur l'économie politique*, in princip.

d'économie politique pour désigner notre science. C'est un terme un peu ambigu, dont on ne sait s'il ne se confond pas avec l'Economie sociale tout entière, ou si, visant seulement les intérêts matériels, il ne signifie point indifféremment la science ou l'art des ressources de la nation. Le pire défaut a été que, par son élasticité même, cette expression peu gênante n'a pas suffisamment protesté contre les interprétations abusives qu'on a voulu lui donner. Il n'est pas rare, dans les traités d'économie politique orthodoxe, de voir simplement supprimer le sens du mot « politique, » et de trouver cette définition : « l'Économie politique est la science des richesses » : on est ainsi amené à étudier la richesse en soi, abstraitement, en relations non pas avec tel ou tel type de société, mais avec cette autre abstraction du xviiiᵉ siècle, l'Homme; de telle sorte qu'il y aurait une science de la richesse de l'Homme, comme il y a eu une Déclaration des Droits de l'Homme. La trace de ces abus se trouve manifestement dans la théorie du capital. Tant pour la définition que pour les classifications, cette théorie constitue, à la honte de notre science, un lamentable monument de confusions et de contradictions, dont la plupart proviennent de ce que, sans le dire, les uns entendent le capital par rapport à la nation, les autres, par rapport à l'individu.

La terminologie allemande nous paraît avoir un mot bien meilleur, emprunté à la langue vulgaire : ce terme, à la fois assez précis, et, par quelques adjonctions, suffisamment souple pour traduire toutes les nuances, c'est « Wirthschaft, » qui signifie proprement « ménage, » et, par extension, l'activité de l'homme en rapport avec les biens matériels. Veut-on parler de l'économie privée d'un individu? on dit « Einzelnwirthschaft, » d'une famille, « Familienwirthschaft, » de celle d'une nation, « Volkswirthschaft. » Le mot « Volkswirthschaft » signifie donc « l'activité de la nation dans ses rapports avec les biens extérieurs. » Si maintenant on veut désigner la science de l'Économie politique, on ajoute le terme « Lehre » (théorie), « Volkswirthschaftslehre. » Si on veut parler de l'art, on dit « Volkswirthschaftspolitik. » Les expressions mêmes dirigent la pensée et l'empêchent de s'égarer[1].

Cette terminologie implique presque sans débats la reconnais-

---

[1] Du reste, on emploie aussi les mots de *politische-œkonomie* et de *national-œkonomik*.

sance des Sociétés comme êtres distincts, ayant une économie et des intérêts propres[1]. Elle résiste aussi presque invinciblement à une conception individualiste et purement humanitaire de l'Économie politique. Dans la conception sociale qu'elle impose, le capital est envisagé au point de vue national, la propriété privée est considérée comme un simple mode d'utilisation des forces et des ressources sociales, la division du travail et des tâches, comme une forme de la coopération, mais aussi de la solidarité nationales. Point n'est besoin de faire ressortir la gravité de ces aperçus[2].

.

Ce n'est pas tout pour une science d'avoir précisé son objet, il faut encore s'en emparer, et, pour cela, choisir sa méthode. L'Économie politique allemande a éprouvé ici des difficultés particulières. Nous la trouvons, par un schisme profond, divisée en deux Écoles : l'Ecole allemande proprement dite, qu'on peut encore appeler l'Ecole historico-réaliste, et l'Ecole autrichienne, que quelques-uns nomment déductive, mais qu'il nous paraît plus exact d'appeler Ecole psychologique et analytique.

L'Ecole historique réaliste est aujourd'hui à peu près complètement maîtresse de la direction des esprits en Allemagne. Elle a son origine dans les travaux descriptifs et statistiques des vieux caméralistes. L'influence de l'école anglaise paralysa quelque temps cette tendance, mais son règne[3] fut toujours troublé et d'ailleurs assez court. Il était impossible qu'il s'établît de façon durable, à cause de la direction historique vigoureusement impri-

----

[1] Cependant, C. Menger repousse cette manière de voir. Pour lui, l'Économie nationale est un organisme d'économies, sans être une économie au sens propre du mot. Cpr. *Revue d'Économie politique* de 1888, p. 586.

[2] M. Block, qui puise dans son origine une connaissance beaucoup plus sûre que la nôtre de la langue allemande, s'attache à démontrer l'ambiguïté de l'expression « Volkswirtschaft » (*op. cit.*, p. 22, 74). Il nous paraît que les différentes définitions de ce mot, données par les auteurs, qu'il essaie d'opposer l'un à l'autre, ne sont nullement contradictoires. Mais, ne serait-il pas lui-même victime d'un préjugé? « L'auteur, dit-il quelque part (p. 76), prend ici le mot *Volkswirtschaft* comme indiquant un organisme. Mais qu'est-ce qu'un organisme qui n'a pas une volonté unique? » Pour la réfutation de cette opinion nous renverrons le lecteur aux traités les plus élémentaires sur l'évolution du système nerveux.

[3] Adam Müller, *op. cit. Elemente der Staatskunst*, 1809.

mée par Savigny, dès le début du siècle, à l'étude du droit. On ne pouvait longtemps considérer l'organisation juridique d'un peuple comme un produit de sa conscience nationale, sans être amené au même point de vue en ce qui concerne son organisation économique[1]. Toutefois, les premières réactions un peu vives contre l'école de Manchester, vinrent de la pratique. Celle-ci, dans le système des échanges internationaux, donnait de fréquents démentis à l'optimisme individualiste de la théorie. Il n'est pas indifférent, pour les nations, que leurs sujets se déplacent sur tous les points du globe, attirés par la seule loi de l'intérêt individuel : il leur importe de garder à la fois leur population et leurs capitaux. Pénétré de ces idées, Frédéric List, l'inventeur, l'agitateur du *Zollverein* allemand, le préparateur de l'unité politique, revendiqua les droits de la nation en s'appuyant sur la notion même de l'économie sociale. Son livre porte ce titre caractéristique : « *Das nationale System der politischen OEkonomie,* » 1841[2].

Cette notion fut reprise peu de temps après, au point de vue purement scientifique, par Guillaume Roscher, que l'on peut considérer comme le fondateur de l'Ecole historique économique. Dans la préface de son « *Grundriss zu Vorlesungen über die Staatswisenschaft nach geschichtlicher Methode* » (Göttingen, 1843), il déclare que nous devons étudier les phénomènes économiques dans leur filiation historique, non seulement en eux-mêmes, mais encore par rapport à tous les autres phénomènes sociaux de droit, de culture, de formes politiques. Ce programme, on doit le dire, dépassait les forces, ou plutôt, les habitudes d'esprit de Roscher, qui, d'ailleurs ne se rattache pas à l'Ecole de Savigny[3].

---

[1] Dans son remarquable article sur le Socialisme d'Etat (*Dictionnaire d'Économie politique* de Say et Chailley, p. 870), M. L. Bamberger, en signalant l'identité du point de départ, fait observer finement « cette différence capitale, que les juristes historiques aboutissaient à un système d'abstention en fait de législation, tandis que les économistes, leurs imitateurs, s'arment de l'étude du passé pour y puiser le droit à l'initiative de novations tranchantes. » Mais il omet de dire que la querelle entre Savigny et Thibaut a fini, en définitive, par le triomphe des idées de Thibaut, c'est-à-dire la codification (*Revue de Wolowski*, X, 321).

[2] Il avait été précédé d'un ouvrage de polémique dû au même auteur et dirigé contre les idées d'Adam Smith : *Outlines of a new system of political economy,* paru en Amérique en 1827.

[3] Cpr. Schmoller, *Zur Litteratur-Geschichte der Staats- und Socialwissenschaften,* p. 151, Leipzig, 1888.

Dans son livre même, il a fait une illustration historique des principes d'Ad. Smith, plutôt qu'il ne leur en a substitué de nouveaux; et, sur ce point, il a mérité les critiques que lui ont adressées M. de Fontenay[1] et M. Block[2].

Mais l'idée, féconde, allait fructifier. Après Roscher, viennent Hildebrand et Knies; le premier, historien, esprit vif et mobile; le second plutôt penseur, qui a délibérément et nettement affirmé la nécessité de la méthode historique (Hildebrand, *National-Œkonomie der Gegenwart und Zukunft*, 1848 — Knies «*Die politische Œkonomie vom geschichtlichen Standpunkte*, » 1853), Cette éclosion est bien purement allemande. Dans la seconde édition de son livre, publiée en 1883, Knies déclare qu'en 1852, quand il écrivit la première, il ignorait absolument la « Philosophie positive » d'Aug. Comte, parue de 1830 à 1842; et il ajoute, que, très vraisemblablement, son ignorance était partagée par tous les autres Économistes allemands. C'est qu'en effet, la méthode des sciences sociales est partout la même : pour observer les phénomènes du droit, ou de la richesse, on n'avait pas besoin d'attendre que la Sociologie fût fondée. Savigny avait dispensé de Comte.

Puis, peu à peu, les élèves se forment : la jeune génération se pénètre de l'esprit nouveau. On revient aux habitudes, aux travaux si précis des vieux caméralistes, et, un beau jour, minée sourdement, l'ancienne École s'écroule sans bruit, laissant à la nouvelle un terrain à bâtir, avec, il faut bien le dire, des matériaux fort utilisables. Quelle est la date de cet effondrement? Il n'y en a pas, il a été successif. Toutefois, la ruine définitive fut accusée par le célèbre congrès d'Eisenach de 1872, dont nous parlerons plus loin, et consommée par l'avènement du système protectionniste de M. de Bismark (Loi du 15 juillet 1879).

Aujourd'hui, les derniers Manchestériens ont presque disparu. L'École, à des degrés différents, gouverne tout l'enseignement. Son idée fondamentale est celle de Roscher, à savoir : que les phénomènes économiques sont soumis à des rapports nécessaires de séquence et de coexistence, non seulement entre eux, mais encore relativement aux autres phénomènes sociaux, les mœurs, le droit, la religion, la constitution politique, les relations inter-

---

[1] *De la méthode historique appliquée aux idées économiques*, Journal des économistes. 1888, p. 69.

[2] *Die Quintessenz des Kathedersocialismus*, Berlin, 1876, p. 11.

nationales, etc. C'était déjà la méthode de notre grand Montesquieu, auquel l'Ecole historique française, si elle se forme, pourra bien justement faire remonter sa filiation. L'Ecole historique s'attache donc à rétablir les institutions économiques dans leur milieu; à découvrir la part d'influence, sur elles, des autres institutions sociales, et leurs réactions réciproques. Dans cette étude, elle relève plus particulièrement l'influence des mœurs, qui régissent, de façons si diverses, tout le procès économique. Les plus modérés pensent que ce sont d'abord les conditions économiques qui déterminent les mœurs, lesquelles une fois suscitées ainsi, prennent une vitalité propre, et réagissent à leur tour sur le développement de la vie économique. D'autres, et en plus grand nombre, accentuent l'influence des mœurs sur l'économie. Pour eux, elles sont un produit propre des sentiments, des connaissances, des aspirations d'un groupe. Elles se fortifient par la crainte d'êtres supérieurs, celle du châtiment, le désir de la considération. Elles façonnent tout l'idéal de vie, sur lequel doit se régler même l'activité économique. C'est à cause de cette importance, attribuée par l'Ecole historique au principe moral, qu'elle est quelquefois aussi appelée Ecole éthique. Mais, en même temps qu'elle signale cette influence des mœurs, elle relève particulièrement celle des formes politiques; et elle remarque que, suivant le degré de centralisation politique, la société a pu intervenir plus directement, plus consciemment, plus délibérément dans sa propre organisation économique. Elle en a conclu que l'État, c'est-à-dire la Société organisée en gouvernants et gouvernés, est, à raison même de sa puissance virtuelle, un organe économique de première importance. Et, comme d'ailleurs, le plus grand nombre des partisans de cette Ecole, croit qu'en effet l'État est un agent naturel de progrès en tous les sens, moral, esthétique, scientifique, économique, l'Ecole a été aussi appelée Ecole étatiste ou interventionniste.

Quoi qu'il en soit, en tant que l'École historique se borne à faire de la science, son procédé pour l'étude des phénomènes économiques est invariablement le même. Elle prend, dans le passé, les différentes institutions, les analyse soigneusement, décrit le milieu dans lequel elles se sont développées, les causes qui les ont déterminées. Elle essaie, autant que possible, de répéter cette étude pour plusieurs sociétés distinctes, afin d'obtenir des points de comparaison parallèles. Elle répète pour le présent, et, principalement par la statistique, ces observations comparées, profite de quelques expériences tentées par certains États, et s'enrichit patiemment d'un trésor inestimable de monographies et de documents.

Les matériaux, ainsi réunis, sont en nombre déjà considérable. Mais, il faut le reconnaître, ils n'ont pas encore été adaptés en constructions symétriques; ils forment un beau chantier, mais pas un édifice. L'une des causes en est sans doute la tendance de l'esprit allemand à la spécialisation, au détail. Mais, la principale raison est que, malgré leur énorme quantité, ces matériaux sont encore en nombre insuffisant. Que penserait-on d'un physiologiste qui, d'une seule observation faite sur une de ses victimes ordinaires, chien ou cobaye, s'empresserait de tirer une conclusion applicable à tout le règne animal? L'économiste est dans une situation semblable. Il étudie, par exemple, une série bien liée de phénomènes dans une certaine période de l'histoire du monde romain ou féodal germanique; peut-il conclure que cette série se produira ou a dû se produire chez les peuples de race jaune, les nègres, même chez les Hindous? Les différences de race, de climat, n'offrent-elles pas un milieu réfractaire? Il faut donc, ou multiplier les observations, et l'on comprend quel temps exigent encore ces études, ou avoir déjà des types sociaux assez marqués, comme les divisions de l'histoire naturelle, pour que, sans témérité, on puisse conclure d'un membre d'un genre ou d'une espèce à tous ceux du même genre ou de la même espèce. Mais précisément, cette classification doit être fournie par la Sociologie, qui est, actuellement, moins avancée encore que l'Économie politique.

Il ne faut donc pas s'étonner qu'un des chefs de l'École historique, Schmoller, refuse de tenter des généralisations imprudentes, et poursuive, sans s'inquiéter des critiques, le cours de ses études[1]. Est-ce à dire que l'Économie politique renonce à chercher et à découvrir des lois, c'est-à-dire se dépouille elle-même de son titre de science? qu'elle se condamne à n'être qu'une perpétuelle description, se bornant à fournir des éléments à une sorte d'empirisme grossier, purement national, véritable négation de la

[1] Schmoller déclare que notre science en est encore à l'**a b c** (*Essai sur Lorenz von Stein*, p. 136, dans le *Zur Litt. Gesch. der Staats- und Sozialwiss.*).

science? On lui a reproché tout cela, et il importe d'examiner cette accusation.

En fait, les résultats actuellement acquis, sont, ainsi que nous l'avons dit, considérés comme insuffisants pour esquisser même l'ébauche d'une science générale, universelle, de l'économie politique, telle que, dans leur naïve confiance, les premiers économistes croyaient l'avoir fondée. En fait, les observations recueillies portent principalement sur le passé et le présent des peuples européens, et, par suite, ne peuvent guère être utilisées que par eux et pour eux. Naturellement encore, c'est sur l'Allemagne que s'est concentré le principal effort de cette recherche. Que résulte-t-il de là?

Tout d'abord, en ce qui concerne l'art, la pratique sociale nationale, il n'est pas douteux que la connaissance intime du développement, du caractère, de l'histoire de la nation, ne soit d'un puissant secours. Il a existé de bons médecins, avant que la physiologie ne fût créée. Ils pratiquaient un art fondé, non pas sur la science, mais sur des observations faites dans un esprit scientifique. De même en politique économique. Autre chose est de la baser sur des éléments précis et des observations justes; autre chose de la diriger par la mode, le caprice, la sorcellerie ou le hasard. Peut-être encore peut-on appeler cela de l'empirisme, mais en tous cas, pas de l'empirisme grossier; il nous paraît même qu'une pratique qui s'exerce dans ces conditions, mérite véritablement le nom d'art.

Ce bienfait aurait-il été le seul de l'école historique, il faudrait encore lui en être reconnaissant. Elle a montré le vrai chemin, le véritable livre, qui est la réalité et la nature; elle nous a débarrassés de la superstition d'aller chercher dans les théories d'Ad. Smith et de Ricardo les solutions des questions contemporaines; ainsi l'école expérimentale avait délivré la médecine de la superstition d'Hippocrate et de Galien.

Nous aurons à voir plus tard si, dans ces théories d'art, les économistes allemands ne se sont pas cantonnés, trop exclusivement, sur le terrain national. Pour le moment, nous devons étudier leur position vis-à-vis de la science. Elle ne nous paraît nullement négative.

Le fait qu'ils bornent, pour longtemps encore, leur activité scientifique à recueillir des matériaux, n'implique aucunement qu'ils croient à l'impossibilité de constituer la science. En se vouant à cette tâche ingrate, mais nécessaire, ils font acte de prudence, non d'abdication. Est-il même bien sûr que, dès à présent, ils n'aient pas trouvé des lois économiques applicables, tout au moins, aux peuples européens? Lorsque, par une étude minutieuse, on arrive à démontrer que, à différentes époques, dans l'Europe centrale et occidentale, un même régime politique et une même technique industrielle ont entraîné un développement parallèle dans les formes de l'entreprise et la condition économique des travailleurs, n'est-on pas autorisé à dire qu'il y a, entre ces deux séries de phénomènes, des relations nécessaires. Et, pour l'époque actuelle, ne peut-on pas prévoir que toutes ces nations sont destinées à s'engager dans la voie où marchent les plus avancées d'entr'elles (Brentano)? Peut-être aussi peut-on affirmer que le régime de la propriété privée est en relation inverse avec l'aptitude plus ou moins grande des groupes (famille, clan, compagnies, syndicats), à satisfaire aux besoins de tous leurs membres?

Telle est la position actuelle de l'École historico-réaliste; assez avancée en ce qui concerne l'art économique; aux premières étapes, et cela très délibérément, très consciemment, dans la voie de la science[1].

[1] Il nous paraît nécessaire, pour dissiper complètement les malentendus si fréquents en France sur ce point, de reproduire ici quelques lignes de Schmoller lui-même. « Qui veut poser des lois doit abstraire, dit Menger. Nous répon-« dons : assurément, c'est sur l'abstraction que repose toute pensée et toute « connaissance, mais l'important c'est de bien abstraire. Nous ne nous imagi-« nons pas qu'on doive tout de suite, à tout prix, poser des lois, nous ne « croyons pas pouvoir les cueillir comme des mûres de haies, car, en première « ligne, nous voulons une connaissance exacte, c'est-à-dire des jugements « nécessaires et d'une valeur générale, et ensuite, là où les lois sont encore à « trouver, nous nous contentons de travailler à décrire complètement la réalité, « à classer les matériaux, à rechercher les causes (Schmoller, *Zur Litteratur.* « *Geschichte der Staats-und Sozialwissenschaften*, p. 283). La séparation entre « les divers ordres de connaissance, qui est son point de départ, a incontesta-« blement un certain fondement. De même qu'on oppose la botanique descrip-« tive et la zoologie à la physiologie végétale et à l'anatomie comparée, de même « la statistique et l'histoire (et, à côté, les descriptions de voyages, les tra-« vaux descriptifs économiques, les grands rapports sur les expositions, les « ouvrages géographiques et ethnographiques) peuvent être opposés aux tra-« vaux qui visent à exposer l'essence même des phénomènes économiques. « Mais cette opposition n'est point un fossé infranchissable. La science des « individus, ou mieux, la science descriptive, fournit les travaux préparatoires « nécessaires pour toute théorie générale; ces travaux sont d'autant plus com-« plets que les phénomènes ont été décrits d'après toutes les remarques essen-

Mais alors, dira un profane, qu'enseignent donc les professeurs d'Économie politique d'Allemagne? Se bornent-ils à renvoyer leurs élèves à l'an 1900 ou 2000? Non, et tout d'abord il faut remarquer qu'assez souvent les professeurs lancent, pour la première fois dans leurs cours, les théories qu'ils n'osent pas encore publier dans leurs livres. Ils les éprouvent à la clarté de l'exposition orale avant de les abandonner à l'examen d'une critique, qui s'est fait la réputation justifiée, de ne pas être toujours aimable. Mais s'ils ont rarement des théories générales, du moins s'appliquent-ils à des descriptions minutieuses de l'organisation économique dans laquelle nous vivons, travail, capital, entreprise, etc. Ils s'attachent aussi à montrer que cette organisation est une « catégorie historique, » une étape d'une durée plus ou moins longue dans l'évolution. Ils la justifient par son adaptation même aux besoins du temps, mais ne prétendent aucunement qu'elle soit la seule rationnelle, scientifique, devant s'appliquer à tous les peuples, dans toutes les époques et dans tous les lieux.

« telles, modifications, causes et effets. Mais (c'est l'auteur du texte, qui souligne) *une description complète suppose à l'inverse une classification complète des phénomènes, une conception complète, une attribution légitime des cas particuliers à des types déterminés, une vue d'ensemble des causes possibles. Toute description complète est donc une contribution à l'établissement de l'essence même de la science* (ibid., p. 278). » Comment donc après cela M. Block a-t-il pu écrire que Schmoller « n'admet pas la science du tout? (Block, *Les progrès de la science économique depuis Ad. Smith*, t. I, p. 21 note). Ne serait-ce pas parce que, avec ses habitudes d'apriorisme il a commencé par définir la science à sa façon : « *La science creuse, dégage des éléments et ne s'arrête qu'à la notion la plus simple, à la molécule, à l'atome, à la monade, elle va parfois au delà de la réalité* » (Ibid., p. 4). La question est précisément de savoir si en Économie politique il faut étudier la société ou l'individu.

Nous retrouvons l'erreur d'appréciation de M. Block mais plus généralisée encore (Cpr. Block, p. 9) chez d'autres écrivains de l'École individualiste. Notre savant collègue F. Faure écrit, notamment, dans le *Dict. d'écon. pol.* de Say et Chailley (v° *Science et art*) que « aux yeux de la majorité des économistes et des sociologues d'outre-Rhin, la science sociale aurait un but essentiellement pratique, » « que la confusion entre la science et l'art est un des traits caractéristiques des écrits publiés par eux depuis un demi-siècle. » Nous croyons qu'il y a là une généralisation injuste, et que ce reproche tombe à faux, précisément en ce qui concerne les économistes contemporains de l'école historique les plus estimés en Allemagne.

M. Bamberger (même Dict., v° *Socialisme d'État*, p. 823), aurait dû faire cette observation. Mais sans doute s'est-il laissé entraîner par les mêmes vues que M. Block.

Les premiers économistes aussi ont décrit l'organisation qu'ils ont connue ou sentaient nécessaire, mais dans leur enthousiasme pour la nouvelle science, ils ont érigé en lois éternelles de l'esprit humain ce qui n'était qu'une phase du développement de l'Europe. En prenant le contre-pied de leur procédé, on se met en garde contre l'étroitesse d'esprit, la routine et l'intolérance de leurs disciples, et l'on s'évite le ridicule, qui commence à n'être plus touchant, d'ignorer ou de blâmer éternellement toute organisation économique qui n'est pas celle de 1860.

.*.

L'École autrichienne est une réaction contre certaines exagérations de l'École historique. Elle a pour fondateur le professeur Carl Menger de Vienne (1871, *Grundsätze der Volkswirkschaftslehre*). Par certains côtés, elle se rapproche de l'École de Ricardo, mais par beaucoup d'autres, s'en éloigne davantage. Voici, telles qu'elles nous ont été expliquées par une voix autorisée, quelles en sont les idées fondamentales.

Les phénomènes de l'ordre extérieur peuvent être étudiés de deux manières bien différentes; par le dehors, dans leur manifestation apparente; ou par le dedans, dans leur principe même. On peut appeler la première méthode, méthode empirique; la seconde, méthode exacte. La première est assurément utile en ce sens qu'elle fournit des documents. Mais elle risque d'égarer l'activité dans une besogne ingrate et sans portée. Qu'importe que l'on ait observé des milliers de fois, qu'une pomme, en se détachant, tombe à terre; ou que le soleil paraît tourner autour du globe. On n'en peut rien conclure, sinon que de toute probabilité, les pommes détachées tomberont toujours à terre, et que le soleil continuera à suivre la même révolution apparente. On possède réellement les lois de ce phénomène, quand on abandonne le dehors pour chercher au dedans le principe qui les dirige. Ce principe, on ne le voit pas, on le devine. Par anthropomorphisme, on lui attribue l'existence, on l'appelle « la force. » Dès lors, on combine non plus des phénomènes entre eux, mais des forces entr'elles, et l'on arrive — avec du génie — à la loi de l'attraction universelle. Celle-ci donne des règles dépassant, de beaucoup, les limites de l'observation. Elle s'impose à des corps que nous n'avons jamais vus ni observés, et dont même l'existence ne nous est révélée que par déduction de cette loi.

La connaissance minutieuse de tous les phénomènes célestes observables n'a pas été nécessaire pour la trouver. Quelques astronomes prétendent même que si toutes les observations actuelles avaient été connues, elles y auraient été plus nuisibles qu'utiles. Ce que nous disons de la pesanteur peut s'appliquer à la chaleur, à l'électricité, etc., etc.

Cela étant, prenons les corps sociaux. Qu'attendons-nous d'une description exacte et détaillée de leurs vicissitudes, de leurs beautés, de leurs verrues? Rien, sans doute, que de savoir ce qui est, non d'en savoir la raison d'être. Quand on aura étudié la petite industrie du moyen-âge à Strasbourg, on pourra l'observer à Nuremberg, puis dans toutes les villes d'Allemagne. De quelle utilité ces observations seront-elles pour des situations ignorées? Ne vaudrait-il pas mieux connaître le ressort intime, permanent, vivant des Sociétés humaines? Ne pourrait-on pas, alors, en déduire des combinaisons dépassant les limites de l'observation et applicables à des situations qu'elle n'a pu saisir?

Or, ce ressort, précisément, est devant nous, à notre portée, non plus fictif, invisible, mais parfaitement vivant et tangible; c'est l'homme, élément constitutif et moteur de l'Economie sociale; il est, après tout, bien aussi réel que les Sociétés. Ce sont les groupements d'hommes qui constituent celles-ci. C'est la pensée des hommes qui, combinée de manières diverses, les modèle et les dirige. Au lieu de conclure des actes des hommes à leur pensée, n'est-il pas préférable, puisqu'on le peut, d'étudier cette pensée en elle-même? Pour connaître le mécanisme d'une montre ne vaut-il pas mieux en examiner l'intérieur que d'en consulter perpétuellement le cadran? Cette méthode est tout aussi positive que l'autre, puisqu'elle suppose, comme elle, l'observation. Seulement l'objet de l'observation est changé : au lieu de phénomènes extérieurs, ce sont des phénomènes internes, au lieu de faits matériels, des pensées; elle n'est pas réaliste, elle est psychologique.

Outre l'avantage de la précision, elle offre encore celui de la compréhension. Tandis que la méthode réaliste ne se propose — si elle se le propose — de découvrir les lois générales des sociétés que comme résultat final de ses recherches, à l'inverse c'est par

ces lois que débutera la méthode psychologique. Elle saisira tout
d'abord dans l'âme humaine les traits essentiels, absolument généraux, et, d'une étude attentive de ces éléments, déduira les principes fondamentaux ou lois de toute Économie sociale. Puis, traitant
de même les éléments particuliers, peut-être descendra-t-elle jusqu'aux espèces et aux variétés sociales.

En tout cas, elle est vraiment scientifique en ce que, étudiant
les forces génératrices en elles-mêmes, elle isole les phénomènes
à étudier, tandis que l'école réaliste, en observant des faits extérieurs, qui sont toujours le résultat de plusieurs forces, est exposée
à des difficultés inextricables, lorsqu'elle veut remonter jusqu'à
celles-ci. On le voit bien par la place qu'elle attribue au principe
éthique dans la science économique. Nous ne devons étudier que
les principes économiques, c'est-à-dire les forces qui poussent les
sociétés à satisfaire leurs besoins : notre science n'a pas à poser les
règles qui servent à les modérer.

Telle est la méthode, telles sont les déclarations de l'École autrichienne! N'avons-nous pas déjà quelque part entendu ce langage? N'était-ce pas déjà le système de Ricardo?

Assurément l'École autrichienne ne peut s'attribuer la découverte
de la méthode d'isolement : toute École vraiment scientifique
l'accepte et la pratique. Elle ne saurait non plus revendiquer,
comme propre, la prétention à saisir du premier coup, comme
corollaires des lois générales de l'esprit humain, celles des sociétés.
Cette prétention constitue l'actif le plus net de l'École orthodoxe,
on ne peut l'en dépouiller sans injustice ni cruauté. Ricardo déjà
avait pris comme point de départ l'homme économique, c'est-à-
dire, déterminé par son propre intérêt, et en avait magistralement
déduit un vaste système d'Économie politique. Le mérite de l'École
autrichienne est d'avoir posé nettement, non le principe de l'abstraction, mais celui de l'analyse psychologique. Ce mobile de l'intérêt qu'elle trouve aussi dans l'homme, — et ce n'était vraiment
pas difficile — elle ne le prend pas comme un axiome à développer par déduction, mais comme un sujet d'étude à creuser par
l'observation et l'analyse. Sa méthode est donc analytique et non
déductive : voilà en quoi elle se rapproche de l'École allemande et
se sépare de l'École anglaise. Naturellement, elle ne renonce pas
à user aussi de la déduction, mais d'une déduction basée sur l'expérience. Elle tire les corollaires des concepts qu'elle a analysés

mais jamais la méthode même inductive n'a repoussé l'auxiliaire et le complément d'une déduction raisonnable. On a donc peut-être été injuste envers cette École, en lui reprochant de poursuivre une « distillation » de principes déjà cent fois distillés par d'autres : distillation si l'on veut, mais soigneuse, à l'alambic, tandis que l'on se contentait jusque-là d'une simple évaporation au soleil.

A l'inverse, il faut reconnaître que cette École n'eût pas dû accuser l'École historique d'étudier les faits sans en pénétrer l'esprit. Avant de critiquer une méthode, on doit supposer qu'elle est intelligemment appliquée; or, précisément, dans les faits, c'est toujours l'esprit des sociétés, les tendances collectives que l'École historique a poursuivis.

L'École autrichienne a-t-elle donné des résultats en rapport avec la hauteur de ses prétentions? Ici encore, comme pour l'École allemande, nous nous trouvons à la période des débuts. Le plus clair produit de la méthode a été une fine analyse de la notion de la valeur, grâce à laquelle on a pu formuler d'une manière plus exacte la vieille loi de l'offre et de la demande, et dont on a fait une assez heureuse application à la théorie du capital. Dans le troisième chapitre de cette première partie, nous donnerons plus de détails sur ces essais. Contentons-nous, pour le moment, de ce jugement général.

.*.

Il nous reste, pour terminer ce parallèle, à apprécier l'opposition des deux Écoles, et, sans vouloir faire de polémique, à préjuger de l'issue du combat. A notre avis, cette opposition, beaucoup plus apparente que réelle, a été démesurément exagérée pour la publicité et par la polémique. Elle serait exacte si chacune d'elles repoussait absolument la méthode de l'autre : mais, une fois les ardeurs de la lutte passées, si on écoute les soldats, ou même les chefs, on se convainc qu'un pareil exclusivisme n'est pas dans leur esprit.

Les partisans de l'École autrichienne n'entendent point proscrire l'emploi de la méthode historique, ils réclament seulement pour la leur une place à côté d'elle [1].

---

[1] E. Sax dit formellement dans ses « *Neueste Fortschritte der Nationalœkonomischen Theorie* (Leipzig, 1889, p. 3), que l'Ecole autrichienne ne se propose

Les partisans de l'École historique ne prétendent pas confondre la description et l'histoire avec la science, ils reconnaissent que ce qu'ils font n'est point encore de l'Économie politique, et ne revendiquent d'autre honneur que de lui déblayer le terrain [1].

Lorsque Menger propose son vaste devis des sciences économiques, il trouvera, je présume peu de contradicteurs [2] : la divergence n'apparaît que sur l'époque et les moyens de la construction.

Enfin, lorsqu'il proclame la nécessité de la théorie, lorsqu'il déclare que l'esprit humain a besoin de systématiser ses connaissances, et ne peut pas attendre indéfiniment ce Messie de l'Économie politique qui tarde trop à paraître, il trouve un écho chez bon nombre de ses confrères allemands, Wagner, Dietzel, Conrad, Lexis, Cohn, Schanz, etc., qui pratiquent l'éclectisme et ne consentent point à se confiner dans une éternelle description [3].

La différence capitale est que l'École autrichienne étudie plutôt

pas de mettre de côté les directions de l'École historique, mais de les compléter. — Böhm-Bawerk dans son article « *Historical vs. Deductive political Economy* » (Annals of the American. Acad. of politic. and soc. science. Octobre 1890, p. 6), écrit que la question est seulement de savoir si « à côté de la méthode historique, dont la valeur est indéniable, il ne faut pas reconnaître la méthode d'isolement. »

[1] Schmoller, note de la page 14.

[2] Menger, *Gründzüge einer klassification der Wirtschaftswisenschaften*, p. 13 (Iéna, 1889), expose ainsi un système complet des sciences économiques :

« 1° *Les sciences historiques de l'Économie nationale : la statistique économique* et *l'histoire économique*, dont la première doit saisir les phénomènes économiques concrets, à l'intérieur de certaines limites d'espace, sous le point de vue statique (*der Zuständlichkeit*); dont la seconde doit les saisir au point de vue du développement et les ramener à l'unité.

« 2° *La Morphologie des phénomènes économiques*, dont la tâche est la classification des phénomènes économiques réels, en genres, espèces, variétés, et l'exposition de leur type général (la description des traits communs des différents groupes de phénomènes semblables).

« 3° *La théorie des phénomènes économiques*, qui doit rechercher et exposer les lois de ces phénomènes (leurs régularités de séquence et de coexistence, et leurs rapports intimes de causalité).

« 4° *Les sciences économiques pratiques et appliquées*, qui nous enseignent les principes et les précédents, par lesquels des vues économiques déterminées (eu égard à la différence des rapports) peuvent, dans la mesure des lumières de la science actuelle, être amenées à réalisation. »

[3] Schmoller lui-même, dans une page bien curieuse, met presque de pair la

la cellule sociale, l'homme, les concepts de l'homme, tandis que
l'École allemande s'occupe de l'organisme tout entier, de la société.

Or, à notre avis, ce point de vue est le vrai. Nous faisons de
la physiologie sociale, et non de l'anatomie générale. Nous étu-
dions la production de la richesse, et ses utilisations non point
par l'homme, mais par des groupes d'hommes coopérant d'une
manière complexe et harmonique. C'est l'esprit, la pensée de ces
groupes qui nous attire. Sans doute tous les hommes ont certaines
notions communes; seulement, pour le plus grand nombre d'entr'-
elles, combien n'est-il pas vrai de dire qu'ils les reçoivent de la
pensée sociale plutôt qu'ils ne les lui donnent. Leur pensée n'est
donc pas le ressort intime de la pensée sociale; elle en est la trame,
remplie et brodée par un esprit supérieur.

Au surplus, comme le dit spirituellement Brentano, voilà trop
longtemps que l'on dispute sur la méthode. Il serait grand temps
de l'appliquer[1]. Que chacun travaille donc à sa manière, mais qu'il
agisse au lieu de discourir éternellement sur la façon dont il faut
agir. Nous jugerons les méthodes par les résultats. C'est aujour-
d'hui le sentiment général.

Maintenant, s'il faut dire toute notre pensée, nous croyons que
l'École historique portera un jour ou l'autre le poids de son indifférence philosophique. Qu'on le veuille ou non, il faut avoir une
opinion sur les grandes questions de la liberté, de la destinée, du
progrès, de la responsabilité..., etc. On doit philosopher encore,
même pour décider qu'on ne philosophera plus. Quand l'École historique, afin d'avoir une vue complète, recherche dans la conscience sociale les principes directeurs de la vie économique, comment peut-elle les juger, si elle n'a pas une idée nette de la destinée
de l'homme et du progrès des sociétés? et la question fondamentale elle-même de l'existence des lois sociales, n'est-elle pas dominée par les questions primordiales de la liberté et de la nécessité?
Nous nous expliquerons davantage, dans notre jugement sur la politique de l'École. Pour le moment, nous nous contentons de dire
que cette indifférence donne aux définitions les plus essentielles

connaissance des causalités et les explications téléologiques, et déclare que le
plus haut point de la science ne peut être atteint que par la combinaison des
deux méthodes (*Zur Litteratur-Geschichte*, article *Lorenz von Stein*, p. 140).

[1] Brentano, *Leçon d'ouverture à l'Université de Leipzig; Rev. d'Économ. polit.*,
t. III, p. 341.

quelque chose de vague qui contraste avec ses prétentions scientifiques. Schönberg, d'après Knies, enseigne que les lois économiques ne sont pas proprement des lois, mais certaines régularités d'actions (Gesetzmässigkeiten); que la volonté de l'homme peut arrêter ou modifier[1]. Cohn dit qu'après toutes les explications mécaniques il reste un x insoluble[2]. Voilà donc le problème philosophique qui reparaît. Tant que l'École historique se bornera aux travaux préparatoires, elle restera unie; mais quand il lui faudra construire, nous prévoyons pour elle, et précisément sur cette question fondamentale, un schisme autrement profond que celui de l'École autrichienne.

Peut-être devrions-nous ici parler de Schœffle. Mais Schœffle, qui n'appartient ni à l'École historique ni à l'École psychologique, n'a pas non plus, croyons-nous, fondé d'école en Allemagne. C'est un semeur d'idées, quelquefois contradictoires. Dans son grand ouvrage (*Bau und Leben*), il a tenté l'œuvre colossale d'une Sociologie complète, mais personne ne peut dire qu'il y ait réussi, quoique beaucoup en aient profité. Son influence, d'abord assez grande, s'est ressentie de ses variations, dont la portée scientifique n'a pas été très-bien saisie, sur la question du socialisme.

Les économistes lui reprochent de ne pas être un des leurs, de trop donner aux analogies biologiques, et surtout à l'intuition. De fait, il a plus de disciples chez les lettrés et les philosophes que chez les économistes purs. Dans cette étude sur les grands courants de la pensée économique des Universités, il nous suffira donc d'avoir indiqué cette brillante personnalité sans y insister davantage[3].

---

[1] *Dictionnaire de Schönberg*, t. I, 3e edit., article *Volkswirthschaft*, § 13.

[2] Cohn, *System. der Nationalökonomie*, t. I, § 46.

[3] Cpr. *Le programme économique de M. Schæffle*, Rev. d'Éc. politique de 1888, p. 3 : Cpr. aussi l'article Schæffle dans le *Zur litteratur-Geschichte der Staats- und Sozialwissenschaften* de Schmoller, p. 211-232.
Voici la liste des principaux ouvrages de Schæffle : *Die nationalœkonomische Theorie der ausschliessenden Absätzverhältnisse*, Tüb., 1867. — *Kapitalismus und Sozialismus*, Tüb., 1870. — *Das Gesellschaftliche System der menschlichen Wirtschaft*, 3e édit., Tüb., 1873. — *Die Quintessenz des Socialismus*, Gotha, 1874. — *Bau und Leben des socialen Körpers*, 4 vol., Tüb., 2e édit., 1881. — *Die Aussichtslosigkeit der Sozialdemokratie*, 1885.

CHAPITRE II.

Position de l'Économie politique allemande par rapport à la politique économique.

Dans l'impossibilité actuelle de constituer la science, les efforts des économistes se sont surtout portés vers les travaux préparatoires de celle-ci et sur les théories de politique économique. Cette dernière embrasse le domaine tout entier de la richesse. Il y a une politique économique de la production, de la circulation, de la consommation, de la répartition de la richesse. Il y en a aussi de la population et de la colonisation, du luxe et de la misère, des échanges internationaux, des banques. En un mot, toute question économique peut être étudiée aux deux points de vue de ce qui est et de ce qui doit être.

Si la science économique était constituée, on saurait beaucoup de ce qui doit être, mais cependant on ne connaîtrait que les conditions générales inéluctables dans lesquelles peut se mouvoir l'activité sociale. L'art aurait encore à diriger celle-ci de manière à la faire profiter des meilleures de ces conditions et à éviter les pires. La science économique n'étant pas constituée, le domaine de l'art s'accroît d'autant, puisqu'il lui faut diriger la société, même dans l'ignorance des lois les plus essentielles. Ne disons pas cependant qu'il doit abdiquer. Comme le dit Pascal, nous sommes embarqués; que nous agissions ou non, nous prenons parti; il faut le prendre avec sagesse et réflexion. Presque toujours, en somme, l'art a précédé la science, comme la pratique a précédé l'art. Il n'y a pas de raison pour que l'art de la politique sociale ne puisse se suffire à lui-même, comme se sont si longtemps suffi l'art de l'architecture, celui de la médecine et de la chirurgie, malgré l'ignorance de la mécanique ou de la physiologie, car tous les médecins n'étaient pas des médecins de Molière. Disons plus, la part de l'art dans le domaine économique nous paraît devoir être toujours très considérable. Nos sociétés vivent dans une atmosphère morale, sous une technique industrielle, qui n'ont jamais eu d'analogue dans l'histoire. Il sera difficile de trouver des lois applicables à des conditions qui sont absolument nouvelles. L'art seul pourra diriger dans cette marche vers l'inconnu[1].

---

[1] Schmoller dit avec raison que quoique les conditions de vie de la période

Naturellement, l'Économie politique allemande s'est occupée de toutes les questions de politique économique, et nous ne saurions passer en revue les solutions que les divers auteurs ont données à chacune. Toutefois nous devons essayer de caractériser leurs procédés, dans l'ensemble ; et aussi, vu son importance capitale, de déterminer la position qu'ils ont prise par rapport à la plus grave de toutes, celle qu'on appelle la question sociale.

Ce qui caractérise les théories d'art émises par les économistes allemands, même autrichiens, c'est qu'elles sont l'application de la méthode historique-réaliste. Jamais, chez eux, ces théories ne sont le fruit d'une conception *a priori*, mais le résultat d'une étude attentive et documentée de tous les éléments de la question[1]. Personne n'est libre-échangiste ou protectionniste de parti-pris, libre-échangiste quand même, comme Bastiat, Molinari, toute la rédaction du *Journal des Économistes*, protectionniste comme un fabricant. Mais, au contraire, on compare les diverses nations, on observe, pour les plus avancées, l'Angleterre par exemple, quels ont été les avantages et les inconvénients respectifs de la protection et du libre-échange, dans quelles conditions ces changements de régime se sont produits, comment ces systèmes s'appliquent. Puis, revenant à l'Allemagne, on scrute ses forces par la statistique, on apprécie par l'histoire à quelle phase de son développement elle se trouve, et, après avoir examiné l'état de ses débouchés, l'avenir de ses colonies, on se détermine en conséquence. Assurément on peut se tromper. Mais plusieurs études successivement faites dans cet esprit limitent vite le champ des erreurs. L'histoire ainsi comprise, la statistique utilisée de cette manière, sont des instruments inappréciables, tandis que, dans une théorie construite *à priori*, elles sont pliées à fournir après coup des preuves et des illustrations.

Précisons encore ces idées par un autre exemple, la question du bimétallisme et du monométallisme. Personne, dans les Universités (surtout actuellement), n'est monométalliste par prin-

---

antédiluvienne fussent différentes de celles d'aujourd'hui, néanmoins, il y a des lois dans les deux périodes. Mais cela n'infirme pas la valeur de notre observation, car nous sommes, en économie politique, tout à fait au début d'une ère nouvelle.

[1] Presque tous les Économistes marquants d'Allemagne ont passé par les Bureaux de statistique.

cipe, *à priori*, sous prétexte qu'il ne peut pas plus y avoir deux étalons des valeurs qu'il n'y en a deux des longueurs et des poids. Le bimétallisme est considéré comme une institution sociale, dont les avantages et les inconvénients doivent être pesés. On étudie les relations supposées de sa disparition avec la baisse des prix ; on évalue la production comparée des mines d'or et d'argent, et l'on se détermine en conséquence, dans l'intérêt de l'Allemagne.

Ce trait en effet est également caractéristique, que toutes ces théories d'art sont essentiellement nationales. Il s'agit ici de politique, c'est-à-dire avant tout de se diriger soi-même. Les théories d'art universel supposeraient, ou que l'on connaît tous les sujets à conduire, comme sa nation même, ce qui est presque impossible ; ou que l'on est en possession des lois universelles de la science, ce qui n'est pas. Mais on comprend très bien, à l'inverse, que des Ecoles comme les Ecoles rationalistes croient pouvoir préconiser partout la soumission à ce qu'elles considèrent comme des lois nécessaires de l'esprit humain.

Nous en aurons dit suffisamment sur ces traits généraux, en ajoutant que la littérature économique allemande est extrêmement abondante sur tous les sujets, même et surtout les plus spéciaux. En France, on débute généralement par un traité d'Économie politique. En Allemagne, c'est par là qu'on finit. Nous avons l'esprit généralisateur ; les Allemands ont le génie du détail. Ils aiment à creuser un sujet qui devient leur propriété et où ils sont reconnus des maîtres. Ainsi que des explorateurs, ils ont tous l'ambition d'aller plus loin, là où personne n'a encore été. Et, comme depuis quatre-vingts ans les générations d'Économistes se sont succédé sans relâche, suscitées par l'enseignement des Universités, on conçoit de quel profit peut être pour la science une telle rivalité! Voilà pourquoi, sur toutes les matières, nous trouvons dans les ouvrages allemands de si riches bibliographies, monuments du passé, jalons pour l'avenir.

.ᵛ.

Laissant de côté ces généralités, passons à l'étude si intéressante de la position des Économistes allemands des Universités vis-à-vis du socialisme[1].

[1] Cpr. E. de Laveleye, *Le socialisme contemporain*, ch. XII, p. 311 (1885).

C'est surtout sous ce nom, et à ce titre de socialistes qu'ils sont connus en France; on les appelle les socialistes de la chaire, ou encore les socialistes d'État; et, souvent l'injure ou l'éloge leur ont été prodigués en bloc, sur cette seule étiquette, sans qu'on sût bien exactement ce qu'elle recouvrait[1].

Or, il faudrait d'abord définir le socialisme. Pour le bourgeois c'est toute critique de la propriété ou du capital. Pour le « *Journal des Économistes* » c'est toute intervention de l'État dans les questions de richesse. C'étaient les idées de Liebknecht, pour M. de Bismarck. Pour Mgr Freppel, c'étaient celles de M. de Mun. Qui a tort, qui a raison? où trouver le fil conducteur?

Dans nos sociétés modernes, l'organisation économique repose en grande partie sur l'individu. C'est lui qui, dans son propre intérêt, procure la richesse sociale en procurant la sienne. Il trouve les débouchés, utilise les techniques nouvelles, amasse le capital, applique la division du travail, noue cet entrelacement social, le plus fort peut-être, la nécessité des échanges. Son intérêt est supposé concorder presque toujours avec celui de la société, et le jeu même du principe égoïste est regardé comme le plus sûr garant de la solidarité de tous.

L'essence du socialisme, au contraire, consiste précisément à substituer à ce mobile individuel égoïste, comme ressort principal de l'Économie, le mobile social altruiste. On voudrait que l'individu travaillât désormais, non pour lui-même, mais directement pour la société, et que celle-ci, centralisant tous les produits, les répartît ensuite entre ses membres, suivant une mesure à déterminer, qui serait vraisemblablement celle de leurs besoins. Le collectivisme n'est qu'un système pratique, proposé pour réaliser cette idée, en rendant collective la propriété de tous les instruments de production. Il n'est réellement socialiste que s'il s'inspire de l'esprit altruiste : sans cela, rien n'en garantit la supériorité ni morale ni matérielle sur le système actuel.

[1] Cette épithète de *Katheder Socialisten*, a été inventée par Oppenheim, collaborateur de la *National-Zeitung* pour caractériser le discours inaugural de Schönberg à l'Université de Fribourg en Bade et les tendances de Schmoller dans son livre sur la petite industrie. Ce sont du reste ces attaques d'Oppenheim, qui déterminèrent les violentes répliques du *Hamburger Correspondent* et provoquèrent la réunion du Congrès d'Eisenach, et la création du « Verein für Sozial-Politik (Cpr. L. Bamberger, *Dict. d'Écon. pol.* de Say et Chailley, v° *Socialisme d'État*, p. 871).

Voilà l'idée du socialisme. Mais, il peut y avoir mille nuances entre l'individualisme pur et le socialisme pur; et, dans les tendances au socialisme, il y a bien des degrés. Ainsi, notre organisation actuelle comprend déjà beaucoup d'institutions collectivistes : toutes les entreprises d'État qui ont pour but de produire de la richesse, mines, chemins de fer, postes, etc., etc. Quand les agents qu'elles emploient, rémunérés le plus souvent suivant les besoins de leurs diverses positions sociales, se déterminent non seulement par le désir du gain, mais par le sentiment de l'honneur professionnel, on touche au socialisme. S'ils agissent dirigés par l'idée de leur devoir envers la société, c'est du socialisme pur.

Il y a tendance au socialisme, toutes les fois que l'on dupe le mobile de l'intérêt privé, en dépouillant l'individu d'une portion de son gain au profit de la masse, dans le but de niveler les situations sociales. Mais il n'y a pas socialisme lorsqu'on lui enlève une portion de ce gain par la voie de l'impôt, même progressif, si cet impôt n'a pour but que de le faire équitablement contribuer aux charges sociales. Il y a tutelle sociale, et non socialisme, quand l'État, au nom des intérêts permanents de la société limite le champ de l'activité de l'individu, comme dans les questions de libre-échange et de protection. Il y a encore tutelle sociale quand il empêche les abus de l'individualisme en surveillant les conditions du travail. Et enfin, il y a art social, et aucunement socialisme, mais individualisme, lorsqu'il prend des mesures pour atténuer le combat des classes, en faisant arriver les classes inférieures au bénéfice de la propriété privée.

Ces notions admises, décrivons la situation des économistes allemands; cet exposé en dira plus que toutes les dénominations.

Il faut remarquer d'abord que tous les économistes sont nettement séparés, sur trois points, de ce qu'on appelle le socialisme démocratique, la « Sozial-Demokratie. » La « Sozial-Demokratie, » en premier lieu, croit fermement à l'avènement complet du système collectiviste socialiste; ensuite, elle travaille de toutes ses forces, à le réaliser dans le plus bref délai; enfin, malgré toute la prudence de la tactique parlementaire, elle veut l'établir par la démocratie au pouvoir, et non par les représentants, toujours suspects, des anciennes classes dirigeantes.

Au contraire, les économistes des Universités sont tous d'un scepticisme profond, en ce qui concerne l'essence même de la réforme :

la substitution du mobile altruiste au mobile égoïste. Ils ne croient à une transformation collectiviste ni prochaine ni radicale. Ils jugent enfin la démocratie actuelle incapable de réaliser une pareille réforme. Ces distinctions sont assez tranchées pour creuser un abîme; aussi les deux camps se renferment-ils bien nettement chez eux, et, quand ils franchissent le pont, ce n'est pas précisément pour échanger des amabilités[1].

En revanche, l'immense majorité des économistes, sinon l'unanimité, pense que la société traverse une crise de transformation, lente, mais certaine, qu'on doit faciliter et non contrarier, et dont il importe, avant tout, de bien préciser les tendances et la direction. Cette crise peut emporter une bonne partie des institutions actuelles, mais peut-être aussi sera-t-elle bénigne. Il ne faut avoir aucune superstition, et accepter les sacrifices inévitables, tout en essayant de les adoucir. La propriété privée est une institution bienfaisante, non un principe sacré. Elle est susceptible, dans l'avenir, d'autant de modifications peut-être, qu'elle en a déjà subi dans le passé. La question est précisément de savoir quelles sont celles qu'elle doit recevoir dans l'intérêt de la classe ouvrière. Porteront-elles sur la nature, ou sur l'étendue, ou sur les titulaires du droit? Seront-elles profondes ou légères? par qui devront-elles être faites? Tous ces points sont en dicussion et demandent une application sagace, mais légitime, de l'art de l'économiste.

C'est par cette attitude franche et impartiale que l'École allemande se sépare de l'École libérale française, même quand elle préconise la liberté. Elle n'a point élu domicile dans une période de l'histoire, 1776 ou 1860, et n'a pas la crainte de déménager lorsqu'il faudra réparer la maison. Au contraire, croyant à la vie, et par suite à l'incessante évolution des sociétés, elle est toujours prête, dès que c'est nécessaire, à les suivre dans leur perpétuel changement.

Maintenant, comment la majorité des économistes allemands envisage-t-elle la question sociale? Leurs opinions ont été exprimées, mieux que nous ne saurions le faire, dans le discours d'ouverture du célèbre congrès du *Verein für Sozial-Politik*, tenu à Eisenach, les 6 et 7 octobre 1872. Ce congrès, dont la réunion fut décidée pour soustraire les adeptes des nouvelles idées à l'insupportable

---

[1] Attaques fréquentes du *Vorwärts* contre Schmoller, Brentano, etc.

tyrannie des Manchestériens, marque le triomphe dans la science
de l'École historique, et, en même temps, lui donne en politique
sociale (quoique, à notre avis, les deux caractères soient absolument distincts) une attitude tellement favorable aux classes ouvrières que le surnom de Socialiste de la chaire lui en est resté plus
imprimé que jamais. Nous ne croyons pouvoir mieux en faire saisir le programme qu'en reproduisant les passages les plus sail-
lants, dus à la plume de Schmoller, de cette déclaration[1].

« ..... La plupart de ceux qui ont signé la convocation à la réu-
« nion de cette assemblée, professeurs d'économie politique, d'his-
« toire, de jurisprudence, directeurs des premiers bureaux de
« statistique[2], se placent sur le terrain d'une même conviction de
« principes; et c'est, animés par elle, qu'ils se sont décidés à cette
« démarche.

« Ils s'accordent dans une conception de l'État, aussi éloignée de
« la domination du droit naturel de l'individu et de son caprice, que
« de la théorie abstraite d'une puissance centrale qui absorbe tout.
« Plaçant l'État dans le cours de son évolution historique, ils ac-
« cordent que ses devoirs, suivant les degrés de civilisation, sont
« tantôt plus étroits, tantôt plus larges; jamais ils ne se le repré-
« sentent, ainsi que le font le droit naturel et l'École de Manchester,
« comme un mal nécessaire qu'on doit réduire le plus possible :
« pour eux, l'État est toujours le grand institut moral d'éducation
« de l'humanité. Sincèrement attachés au système constitutionnel,
« ils ne veulent pas d'une domination alternante des classes qui
« se livrent le combat économique; ils veulent un État fort, qui,
« se plaçant au-dessus des égoïstes intérêts de classes, donne les
« lois, dirige l'administration d'une main ferme, protège les fai-
« bles, élève les classes inférieures; ils voient dans la lutte deux
« fois séculaire que l'administration (*Beamtenthum*) et la royauté
« prussiennes ont soutenue pour l'égalité des droits, pour la sup-
« pression des privilèges et des prérogatives des hautes classes, le
« legs le plus précieux de l'État allemand, auquel nous ne devons
« jamais être infidèles.

[1] Cpr. de Laveleye, *op cit.*, p. 324.
[2] Nasse, Engel, Brentano, Schwabe, Miquel, Schuhmacher, Schönberg,
Roscher, Hildebrand, A. Wagner, Knapp, Mithoff, Conrad, Eckardt, Schmoller.

« Dans l'appréciation de notre situation économique, ils sont
« loin de nier les progrès brillants et inouïs de notre époque
« dans la technique et la production, le commerce et les com-
« munications, mais ils reconnaissent aussi les profonds abus,
« l'inégalité croissante des revenus et des fortunes, la déloyauté,
« l'improbité dans certains cercles du commerce, la brutalité et la
« licence, conséquences de causes générales, qui apparaissent
« dans une partie des classes inférieures. Ils en trouvent la raison
« principale dans ce fait que, dans les derniers temps, à chaque
« nouvelle transformation de l'industrie, des établissements, du
« contrat de travail, comme dans la législation sur ces matières,
« on se demandait seulement : « la production, sur le moment,
« en sera-t-elle augmentée, » et non, question pourtant aussi
« importante, « quelles réactions cela doit-il avoir sur les hom-
« mes? la nouvelle organisation donne-t-elle un appui suffisant
« pour la production des facteurs moraux, sans lesquels la so-
« ciété ne saurait subsister? a-t-elle une bonne influence sur
« l'éducation de la jeunesse? agit-elle sur les adultes, de manière
« que le progrès en application, économie, honorabilité, vie de
« famille, soit vraisemblablement parallèle au progrès économi-
« que? » Ils sont convaincus que la méconnaissance de ce rap-
« port psychologique, entre les formes organiques de l'Économie
« sociale et tout l'état moral d'une nation, est la racine du mal, et
« que le principe de la réforme est dans la reconnaissance d'une
« pareille relation.

« C'est sur ces considérations que se fonde leur jugement des
« questions ouvrières. Ils accordent que les ouvriers sont, aujour-
« d'hui, mieux habillés et mieux nourris; que, peut-être aujour-
« d'hui, il y en a moins de milliers qu'aux siècles passés, qui
« meurent d'une lente mort de faim. Mais c'est là, pour eux, une
« faible consolation. Ils demandent, en première ligne, si les con-
« ditions de vie, dans lesquelles sont aujourd'hui la plupart des
« ouvriers, constituent pour eux, vraisemblablement, un progrès
« moral et économique; et ils sont forcés de répondre négative-
« ment, au moins pour une grande partie des travailleurs. Au lieu
« de cela, ils voient les travailleurs dans une opposition toujours
« de plus en plus tranchée avec les classes cultivées et possé-
« dantes, et, ce qui leur paraît le plus dangereux, ce n'est point
« tant le contraste économique que la séparation en moralité,

« éducation, tendances et idéal. Ils se souviennent de l'histoire, et
« que les plus hautes civilisations, celle des Grecs, des Romains,
« d'autres peuples, ont péri par de pareils contrastes, par des
« luttes de classes, des révolutions sociales, et l'incapacité de
« trouver une conciliation entre les classes les plus élevées et les
« plus basses. Quoique bien éloignés, ils aperçoivent de pareils
« dangers pour notre civilisation, si on n'arrive pas, sur le terrain
« de notre égalité de droits, de notre obligation universelle à
« l'instruction et au service militaire, autant que sur le terrain de
« plus larges réformes, auxquelles travaille l'époque présente, à
« former, à élever, à réconcilier les classes inférieures, de manière
« qu'elles prennent leur place paisiblement et harmoniquement
« dans l'organisme de la société et de l'État.

  « Le nivellement, au sens socialiste du mot, n'est pas notre
« idéal social; nous tenons cette société pour la plus morale et la
« mieux constituée, qui offre une échelle de différentes conditions,
« mais avec un passage facile d'un échelon à l'autre. Notre société
« actuelle, au contraire, menace de plus en plus de ressembler à
« une échelle où, soit en haut soit en bas, les degrés sont rappro-
« chés; mais où manquent, de plus en plus, les degrés intermé-
« diaires, de sorte qu'on ne trouve de stabilité que dans les degrés
« extrêmes.

  « Mécontents des rapports sociaux actuels, convaincus de la
« nécessité d'une réforme, nous ne préconisons cependant aucune
« révolution de la science, aucun bouleversement des conditions
« actuelles; nous protestons contre toute expérimentation socialiste.
« Nous savons que les grands progrès de l'histoire sont le résultat
« d'un travail séculaire; nous savons que, toujours, ce qui existe
« oppose aux nouveautés un obstacle tenace, presque insurmon-
« table, précisément parce que ce qui est prend sa racine dans le
« caractère et les habitudes de vie de la masse. Nous reconnais-
« sons, à tous les points de vue, ce qui est, législation écono-
« mique, formes de production, rapports d'éducation et psycholo-
« giques des diverses classes sociales, comme la base de la réforme
« et le point de départ de notre agitation; — mais nous ne renon-
« çons pas, pour cela, à la réforme, au combat pour l'amélioration
« des conditions sociales. Nous ne voulons aucune suppression de
« la liberté de l'industrie, ni des relations de salaire; mais nous ne
« voulons pas non plus, pour l'amour d'un principe doctrinaire,

« souffrir ou laisser grandir les abus les plus criants : nous deman-
« dons une législation de fabrique pleine de modération, mais pour-
« suivie d'une main ferme, nous demandons la plus entière liberté
« pour les travailleurs de se concerter afin d'établir les bases de
« leur contrat de travail, même quand ils élèvent des prétentions
« qui, en apparence, ont une certaine analogie avec les anciennes
« corporations. Nous demandons que, partout, la liberté soit con-
« trôlée par la publicité et que, là où la publicité manque, l'État
« se charge de l'enquête, et, sans se mêler à l'entreprise, en publie
« les résultats. A ce point de vue, nous désirons une inspection
« des fabriques, un bureau de contrôle des banques et des assu-
« rances; nous réclamons surtout des enquêtes sur la question
« sociale. Nous ne demandons pas que l'État donne de l'argent aux
« classes inférieures pour des expériences décevantes; mais nous
« voulons qu'il s'occupe tout autrement qu'il ne l'a fait, jusqu'à
« présent, de leur éducation; nous désirons qu'il se préoccupe de
« savoir si la classe ouvrière est dans des conditions d'habitation,
« de travail, qui doivent avoir pour résultat nécessaire de l'abaisser
« encore.

« Nous croyons qu'une trop grande inégalité des fortunes et
« des revenus, qu'un combat trop acharné des classes doit, avec le
« temps, détruire toutes les constitutions politiques, et nous
« exposer de nouveau aux dangers du gouvernement absolu. Nous
« pensons que l'État ne saurait rester indifférent à cette considé-
« ration.

« Nous demandons de l'État, comme de toutes les Sociétés et
« de tout individu qui veut travailler aux devoirs de notre époque,
« d'être animé par un grand idéal. Cet idéal ne peut et ne doit
« être que de faire participer une fraction, de plus en plus nom-
« breuse, de notre peuple, à tous les biens élevés de la civilisation.
« Éducation et bien-être, telle doit être, au meilleur sens du mot,
« la tâche démocratique de notre développement, comme tel paraît
« être le but principal de l'histoire du monde.

« Et maintenant, assez. Nous ne voulons pas aujourd'hui traiter
« des questions de principes, mais aborder les problèmes pra-
« tiques. Mais il paraissait utile, avant d'entamer les débats,
« d'exposer loyalement et clairement les principes mêmes, d'où
« est sortie la présente réunion. » (*Applaudissements.*)

En relisant attentivement ce programme, nous trouvons des

teintes et comme des couches distinctes dans ces remarquables pages. On y voit une condamnation radicale de l'individualisme, une apologie du fonctionnarisme, et une glorification de la liberté. C'est qu'en effet, elles reflètent des tendances différentes des principaux membres du bureau fondateur, tendances qui avaient déjà apparu aux réunions préparatoires de Halle, auxquelles il fallait donner satisfaction, et qui, plus tard, ont été s'accentuant tous les jours davantage On peut, croyons-nous, les ramener à trois; la nuance radicale, représentée par Adolf Wagner; la tendance bureaucratique administrative, représentée par Gustav Schmoller, et la tendance libérale, caractéristique de Luio Bren- tano. Essayons de les préciser davantage.

Ad. Wagner, dont nous tracerons plus loin le portrait, est un tempérament radical. Il ne peut être qualifié de « *Sozial-Demo- krat,* » car il ne croit pas à la possibilité d'une transformation radicale de l'âme humaine; mais, tard venu dans la jeune école, il y apporta une ardeur de néophyte et en exagéra les tendances. Déjà, aux réunions préparatoires de Halle, il s'était montré très favorable à une intervention générale de l'État dans les rapports économiques. Dès 1873, dans un rapport sur les sociétés anonymes présenté au congrès du « Verein, » il demanda l'étatisation des che- mins de fer, et plus tard celle des assurances. En 1875, au même congrès, il appuya Rudolf Meyer, familier de Rodbertus-Jagetzow, dans la proposition d'un vaste plan de socialisme d'État. Mais, la discussion ayant été écartée par la question préalable de règlement que soulevèrent Brentano et Schmoller, et cette tentative n'ayant abouti qu'à un rapprochement avec le congrès rival, le congrès des Manchestériens (*Volkswirtschaftlicher Congress*), Wagner se désintéressa du « Verein » et poussa tout seul dans sa voie [1]. Il définit l'impôt « un moyen de pourvoir aux besoins de l'État, et de procurer une nouvelle distribution du revenu national [2]. » Il croit que « l'expression de la valeur sociale par la valeur d'échange est une catégorie historique à laquelle succédera la valeur de taxe. » Il s'est montré favorable à l'extension des entreprises d'État, a de- mandé la communalisation du sol à bâtir dans les grandes villes [3]; et même tend ouvertement aujourd'hui vers la propriété collec-

[1] *Dictionnaire de Brockhaus.*
[2] *Finanzwissenschaft,* t. II, § 362.
[3] *Lehrbuch der politischen Oekonomie,* t. I, § 33 et § 362.

3

tive[1]. Sans son loyalisme aux Hohenzollern, il constituerait l'aile droite du parti collectiviste.

Ses ouvrages très répandus, son titre de professeur à l'Université de Berlin, ont attiré sur ses idées, autant à l'étranger qu'en Allemagne, l'attention du public, et l'on a souvent jugé d'après lui toute l'École allemande. La vérité est que, s'il compte quelques admirateurs et beaucoup d'auditeurs, il a peu de disciples. Seul, croyons-nous, le professeur Dietzel de Bonn enseigne dans le même esprit. Les autres maîtres allemands obéissent à une direction plus modérée.

On aurait donc tort, en France, d'attribuer à Wagner une influence qu'il n'a point. Éloigné des sphères officielles, il est sans action sur les décisions du gouvernement, qui l'a rarement consulté ; et dans le corps enseignant il n'a d'autre place que la situation personnelle due à son talent qui est très grand.

Schmoller, au contraire, par sa haute position comme un des principaux chefs de l'école historique, par la direction d'une revue considérable, le « *Jahrbuch für Gesetzgebung, Verwaltung und Volkswirthschaft*[2], » et d'un recueil important, les « *Staats und Socialwissenschaftliche Forschungen,* » par son titre de professeur à Berlin, de conseiller d'État, d'historiographe de la maison de Brandebourg, exerce sur l'enseignement et la politique sociale une influence morale d'une haute portée. Comme on va le voir, sa caractéristique est, à la fois, une très grande audace dans la conception de l'idéal social, et une grande prudence dans la réalisation de cet idéal, qu'il confie volontiers à l'État. Réagissant contre le matérialisme conscient ou inconscient des Manchestériens, il affirme l'indivisibilité dans toute organisation économique des principes intéressés et des directions morales. L'histoire en main, il montre que le progrès a toujours consisté dans la suprématie grandissante de ces dernières, et place l'idéal dans l'avènement progressif de la justice distributive. La justice n'est point, pour lui, une conception métaphysique, mais un produit organique de la conscience sociale, d'autant plus épuré que celle-ci se dégage et se saisit mieux elle-même. Actuellement la justice veut l'extension à tous des bienfaits de la civilisation[3].

[1] *The religion of socialism* (Journal *The new Era* de Londres, n° de février 1892).
[2] Publié jusqu'en 1880 par Holtzendorf et Brentano.
[3] Nous ne pouvons résister au plaisir de reproduire ici ces nobles idées. « Je

Comment, sous quelle direction cet idéal peut-il être atteint?
Doit-on en abandonner le soin à l'individu? Non, « nous croyons
« que le temps est venu où, même la vie individuelle, reçoit plus
« de force et d'impulsion par le *viribus unitis*. L'atomisme, l'a-
« veugle combat des individus, l'égoïsme menaçaient notre vie
« sociale et publique : nous lui tenons tête fermement, dans la con-
« viction qu'à une époque individualiste succède une époque socia-
« liste, au meilleur sens du mot; une époque de réformes, de
« législation sociale; une époque de concentration des forces,
« d'association et de sociétés, d'intervention et d'action de l'État
« pour protéger les faibles, défendre les intérêts nationaux, placer,

« crois que le but de l'histoire est d'appeler un nombre d'hommes, toujours
« plus grand, aux plus hauts biens de la culture; d'élever successivement le
« niveau auquel doivent se tenir les membres inférieurs et les plus misérables
« de la société. Ce bien, l'histoire ne l'obtient pas par une seule voie. J'accorde
« qu'autrefois elle a paru longtemps poursuivre un but contraire. L'inégalité
« dans la répartition des fortunes, la division du travail, amènent une différence
« croissante des hommes, et cette différence, quand elle est poussée trop loin,
« finit par la destruction et l'étiolement de certaines couches sociales. Mais par
« là, précisément, apparaît l'immoralité de ce procès de pure nature, et d'au-
« tant plus puissante aujourd'hui est la marche opposée de la civilisation. Elle
« essaie de maintenir assez solide le mécanisme de la division du travail pour
« que, tout en fournissant de grandes prestations techniques, les forces pro-
« ductives ne soient pas, comme autrefois, exploitées par une classe dominante,
« mais soient placées dans de telles conditions de culture que les travailleurs
« ne cessent point d'être des hommes. Le principe de la justice distributive com-
« mence à protester contre l'injustice économique et sociale; des formes plus
« humaines d'organisation économique se font jour; l'idéal de devoirs spé-
« ciaux réciproques, d'une élévation des classes inférieures, vient à germer.
« Les siècles qui suivirent présentèrent de nombreux contrastes de richesse
« et d'éducation : chaque nouveau monde civilisé, qui entre sur le théâtre de
« l'histoire, débute par des institutions sociales qui rendent plus difficile et
« moins rapide l'accroissement du prolétariat et la formation d'une ploutocratie
« excessive, et alors même que, parfois, l'inégalité d'éducation et de revenu
« regagnerait du terrain, quand même parfois et temporairement, ce procès de
« pure nature semblerait nécessaire pour que certains individus ou certaines
« classes, suffisamment élevés et doués, puissent réaliser et présenter en eux
« certains progrès de culture, pourtant, le trait essentiel de l'histoire, c'est de
« rester fermement dirigée vers des buts de culture morale. Et avant tout, l'é-
« poque actuelle devrait toujours avoir ce but devant les yeux, si elle veut
« rester fidèle aux grandes idées de réforme du xviiie siècle; le libéralisme et
« l'humanité. » Schmoller, *Ueber einige Grundfragen des Rechts und der Volkswirthschaft*, Iena, 1re édit., 1875, p. 98 et s.

« de plus en plus, l'économie sociale sur le terrain du droit et de
« la justice. »

« Les grandes lignes de conduite à tenir sont les suivantes :

« 1° Éviter toute modification brutale dans le régime de la propriété;

2° Préparer peu à peu l'opinion publique à toute réforme;

3° Relever non seulement la condition matérielle mais encore
la situation morale des classes inférieures; les rendre capables
de se diriger elles-mêmes.

4° Ne point attaquer chez les classes possédantes le principe
même de leur propriété, mais leur demander par la voie de l'impôt
et un système général les atteignant toutes également et juridique-
ment les sacrifices nécessaires au bien de la société;

5° Enfin, faire intervenir l'État pour organiser indirectement,
dans l'avenir, une autre répartition des richesses. Or, cela peut
s'obtenir par divers moyens; meilleure éducation générale égali-
sant mieux les forces dans le combat de la concurrence; législation facilitant aux classes inférieures la vie de famille et développant ainsi l'économie et le sens domestique (lois de fabrique,
d'habitation, de police sanitaire sur les logements insalubres) :
appuis techniques et moraux à la petite industrie agricole et
manufacturière, analogues à ceux précédemment donnés à la
grande industrie (mais naturellement lorsque la petite est capable de concurrence); reconnaissance des Unions de métiers
comme des autres associations et caisses augmentant la capacité
de concurrences des classes inférieures et favorisant leur pouvoir
économique; législation industrielle, des patentes, des marques
de fabrique, ne protégeant point le capitaliste comme tel, mais
l'habileté et le talent; législation fiscale imposant le fardeau le
plus lourd, non pas au travail, mais à la propriété, et limitant par
des impôts progressifs sur le revenu et les successions l'accumu-
lation excessive des fortunes, sans toutefois décourager l'esprit
d'acquisition; poursuite rigoureuse des moyens malhonnêtes d'en-
richissement; sévère loi sur les sociétés anonymes; législation de
propriété agraire et foncière facilitant aux petits l'acquisition de
celle-ci, et sauvegardant leurs intérêts; intelligente conception du
service militaire et peut-être loi d'indemnité pour ceux qui font

¹ Schmoller, *Programme du Jahrbuch de 1881*, p. 15 *in fine*.

campagne, car une campagne enlève au petit commerçant, à
l'ouvrier habile, tout ce qu'il possède, sa place, sa clientèle,
souvent même ses qualités personnelles. L'État peut encore
agir sur toute la répartition des fortunes par son administration :
il peut administrer une Banque d'État, ou démocratiquement
comme en Prusse, ou aristocratiquement comme en France. L'É-
tat peut découper ses domaines en biens de paysans; et, là où
les « Latifundia » menacent de dominer, acheter des ensembles
de biens et en former de bons villages paysans. Il peut, dans ses
fournitures, se souvenir des petits et moyens négociants; et, comme
le plus gros des patrons, introduire toutes les réformes possibles
dans le contrat de travail et les relations avec ses ouvriers; modifications qui, par la concurrence, doivent favorablement réagir
sur les milieux environnants. Il peut y introduire un système de
tantième, de participation aux bénéfices, qui influe nécessairement
sur les mœurs industrielles. En un mot, il est cent moyens par
lesquels l'État peut agir, et le fait d'autant plus qu'il se trouve
d'accord avec les entrepreneurs les meilleurs et les plus humains,
avec les exigences de la science, de la justice, de la charité, et
que les mœurs de la société conspirent avec lui pour condamner
la richesse mal acquise, réfréner la concurrence éhontée, enfin
inspirer l'humanité à la conscience de la nation. Le revenu national
est comme une grosse masse d'eau qui se répand par mille canaux
et rigoles, certains courants principaux ne seront changés de
bien longtemps, modifiés que dans des siècles, mais on peut bâtir
sur les rives, faire des prises d'eau, construire des écluses, les
régulariser.

Ce n'est pas en Prusse qu'une pareille politique peut effrayer.
La politique agraire et industrielle de son grand roi, la législation
de Stein-Hardenberg offrent un exemple de la façon grandiose
dont une politique élevée peut et doit s'attaquer au régime de la
propriété. Mille fois, les intérêts privés en furent lésés. On ne
pouvait, ni ne voulait, indemniser pleinement les anciens privi-
légiés, c'était l'expiation d'une injustice séculaire. Le plan général ne visait à rien moins qu'à une nouvelle répartition de la propriété. Il n'était pas cependant socialiste, au pire sens du mot.
Ce n'était pas la passion populaire, mais une royauté héréditaire,
aimée de tous, qui en poursuivait l'exécution. Elle ne sacrifiait
pas au caprice. Systématiquement, d'après des principes arrêtés,

une bureaucratie uniquement fidèle à ses devoirs, traça les nouvelles lignes de la propriété. Et, par ce moyen, furent étouffées
bien des plaintes sur la lésion, le dépouillement, la déviation et
l'ébranlement des notions de droit, qui se seraient élevées, et
vraisemblablement tout autrement traduites, si les classes alors
possédantes avaient eu sur l'État l'influence qu'elles ont aujour-
d'hui. Il est bon de rappeler que l'État prussien n'est devenu puissant que par des mesures de socialisme de la chaire. Le plus grand
de ses rois, Frédéric II, ne voulait être autre chose que le *roi
des gueux,* et, d'après lui, les impôts avaient, entr'autres buts,
celui d'établir une sorte d'équilibre entre les riches et les pauvres[1]. »

J'ai dit que Schmoller est un modéré; cependant il y a dans la
seule lecture de ce plan de quoi faire frémir les moins orthodoxes
des membres de notre Institut : je ne m'en dédis pas néanmoins,
Schmoller est un modéré. On remarquera tout d'abord que ce
programme ne comporte aucune réforme collectiviste, aucune
extension des entreprises d'État. Le mobile individuel, l'initiative
privée, égoïste, sont toujours considérés comme les agents nécessaires de la machine sociale. Sans doute, le mobile égoïste sera
souvent dupé : souvent, comme à ces chiens de chasse qui forcent
le gibier, on ne lui donnera qu'une faible portion de la proie obtenue; mais jamais on ne devra le décourager au point de se pri-
ver de ses services indispensables. En outre, et c'est le correctif
indivisible d'un pareil système, c'est à une puissance suprême,
impartiale, désintéressée que Schmoller confie le soin de réaliser
ce programme. Dans sa pensée la royauté seule, une royauté
forte, héréditaire et respectée, peut l'appliquer avec mesure, sagesse et profit, en choisissant son temps et son heure[2]. Par une
abdication trop méritoire, il transporte aux hommes d'État la
tâche de trouver les règles de politique sociale, et ne donne à la

---

[1] Schmoller, *Grundfragen, op. cit.,* analyse des pages 93 à 97.
[2] Depuis que ces lignes étaient écrites, nous en avons trouvé la confirma-
tion dans une lettre particulière de M. Schmoller adressée à M. Gide, que
celui-ci a bien voulu nous communiquer. « Ma conviction la plus profonde, que
« je professe toujours dans mes cours, se concentre dans la thèse que l'État
« normal de la société consiste dans l'équilibre entre les pouvoirs organisés du
« centre et les libertés individuelles. Il n'y a pas de progrès réel pour moi, ni
« dans la politique, ni dans l'économie politique, si les progrès de la centralisa-

science que le rôle un peu subalterne de conseiller et de critique.

Ce rôle est prudent, ne l'est-il pas trop? Pourquoi veut-on que l'homme d'État sache mieux que le savant, que le spécialiste, quelles réformes sont mûres et quelles ne le sont pas. D'où le saurait-il, si les maîtres l'ignorent. L'homme d'État, il est vrai, peut être un homme de génie : mais ces derniers sont rares, et, d'ailleurs, ce n'est point pour eux que sont faites les théories; ils les brisent du premier coup; ils veulent des approbateurs et non des conseillers. Par une bonne fortune inouïe, la Prusse, depuis le règne du Grand-Électeur, a eu une série de rois qui ont vu grand et juste, ou qui, du moins, ont gardé les ministres qui savaient voir ainsi : mais peut-on compter qu'un pareil miracle se perpétuera? Est-ce que la démocratie n'envahit pas de plus en plus le pouvoir? Et n'est-ce point un contre-sens, au moment où elle veut être, où elle est, comme chez nous, maîtresse de ses destinées, de lui tracer des plans de réforme qui exigent comme condition indispensable une sujétion à laquelle elle ne peut plus consentir? Sans doute, même ainsi compris, le rôle de l'économiste ne manque ni de grandeur, ni d'utilité. Il vaut surtout comme intermédiaire entre un pouvoir jaloux de ses droits et un peuple conscient de sa force; mais il sera difficilement apprécié de la masse, qui aime à sentir plus près d'elle ceux qui lui veulent du bien.

Cette sympathie chaude, amicale, démocratique au meilleur sens du mot, elle la trouve chez Lujo Brentano. Soit découragement des essais Bismarckiens de socialisme d'État, soit influence inévitable des deux pays plus avancés, l'Angleterre et la France, les idées libérales de Brentano gagnent aujourd'hui du terrain et trouvent aux réunions du « Verein für Sozial Politik » des marques non équivoques d'approbation[1].

Quoique « Geheimrath, » Brentano a bien trop d'esprit pour

« tion ne sont pas contrebalancés par une plus grande sûreté de la liberté indi-
« viduelle et des progrès moraux et intellectuels des hommes. Jamais je ne de-
« manderai l'extension des fonctions d'État si je ne vois pas que ces États ont
« des fonctionnaires très fidèles, très instruits, et indépendants des partis
« politiques. Je la trouverais tout à fait inadmissible si l'on voulait mettre dans
« les mains de l'État les chemins de fer américains » (9 janvier 1892).

[1] Voir *Rev. d'Écon. polit.*, 1890, p. 588, notre chronique sur le congrès de Francfort.

croire au génie de la bureaucratie. L'infaillibilité des Hohenstaufen,
ou même des Hohenzollern, ne lui paraît nullement démontrée : à
côté de quelques mesures salutaires, il ne lui est pas difficile de relever à leur charge bon nombre de bévues. D'ailleurs, serait-il prouvé
que, dans les siècles passés, cette administration fut admirable, aucune conséquence n'en pourrait être tirée pour l'époque présente.
La Prusse n'est plus, comme au temps de Frédéric II, une nation
de barbares auxquels il fallait, de force, inoculer la civilisation.
Aujourd'hui les puissances intérieures qu'on y a éveillées sont en
pleine énergie et ne demandent qu'à ne pas être gênées dans leur
épanouissement. Pour quiconque l'étudie avec soin, ce développement présente tous les caractères d'une évolution nécessaire. Il
est une application de cette grande loi historique, que la puissance
sociale finit toujours par appartenir à la classe qui rend le plus
de services. Les sociétés ne tiennent pas compte indéfiniment
des services passés; c'est une nécessité de leur nature. Comme
elles ne les paient qu'en se donnant, elles ne peuvent se donner
pour toujours. Mais, en échange de biens définitifs, elles procurent
un pouvoir temporaire, dont la durée est limitée par la durée de
l'assimilation des bienfaits qu'elles ont reçus. La preuve en est
sous nos yeux.

Dans l'histoire moderne des peuples européens nous voyons la
classe sociale la plus importante, la noblesse, tomber en décadence
à mesure que le groupement social, l'ordre, la protection des
faibles sont mieux assurés. Ces besoins satisfaits, celui de la richesse semble le plus important. Il faut des entrepreneurs, des
commerçants sachant organiser l'armée industrielle. De là l'avènement progressif de la classe bourgeoise. Assurément, cet avènement n'a pas été brusque, rien ne s'obtient ainsi dans la nature. La
bourgeoisie trouve devant elle la résistance de l'ancienne classe
dirigeante. Peu à peu cependant, de gré ou de force, elle la fait
reculer, la disperse, l'absorbe; aujourd'hui la fusion est presque
accomplie, la noblesse n'est plus que la fleur de la bourgeoisie.
Mais bientôt celle-ci va être atteinte par les mêmes moyens et par
les mêmes causes : il lui faudra partager, puis enfin céder l'empire.
Lorsque la technique industrielle sera suffisamment développée,
que les débouchés seront assurés, que la concurrence aura été
vaincue par le triomphe du plus fort ou l'association, lorsque le
procès de la production sera devenu presque mécanique, lorsque,

à mesure que croîtra le rôle réel du capital, diminuera le rôle personnel du capitaliste, que la plupart des grandes entreprises seront dirigées non plus par l'entrepreneur, mais par des directeurs salariés; quels services rendra la bourgeoisie que la société ne se soit déjà assimilés? Qu'aura-t-on encore à attendre d'elle? Où sera la force? Dans le capital? Celui-ci n'est qu'un instrument, il ne vaut que par celui qui l'emploie. Elle sera dans le travail : dans le travail de l'inventeur, du directeur, de l'ingénieur, du contre-maître, de l'ouvrier, du plus misérable manœuvre. Elle sera là à des degrés différents, et là aussi désormais sera la puissance sociale.

Nous n'en sommes pas à ce point. La bourgeoisie conservera longtemps encore son utilité, précisément dans la mesure où l'esprit d'entreprise sera nécessaire; et parce que les habitudes d'ordre, d'économie, de sagesse, manqueront encore longtemps à la classe ouvrière. Elle aura aussi à remplir le rôle d'éducateur de cette classe, d'agent, de conservateur des biens de la culture à travers les transformations inévitables. Quant à ces transformations, il serait insensé de s'y opposer. Il faut seconder les mouvements nécessaires. En leur résistant, on en centuple la force, qui, délivrée enfin, brise et renverse tout, comme la Révolution française.

Lorsqu'on a compris cela, la marche à suivre est indiquée. Ce n'est pas avec des lois de tutelle qu'on apaisera ceux qui veulent être maîtres, ni avec des mesures d'État qu'on détournera le quatrième État. Il faut vouloir résolûment mais progressivement abandonner le pouvoir, consentir franchement à cette absorption dans la classe ouvrière, dont la noblesse nous a donné l'exemple en s'absorbant dans la bourgeoisie; et, pour cela, graduellement habituer au pouvoir cette classe ouvrière elle-même. Une grande erreur de notre temps est de vouloir élever l'ouvrier en lui facilitant le passage au rang de patron; il faut que l'ouvrier soit élevé en tant qu'ouvrier, et que la classe ouvrière garde ses meilleurs pour encadrer les autres.

Pratiquement, comment préparer cette évolution? Par des lois d'assurance? Non, celle-ci est un bien sans doute, en ce sens qu'elle court au plus pressé; mais si, dans la pensée de ses auteurs, elle est destinée à faire dévier, à escamoter le mouvement, on peut affirmer qu'ils se trompent. La classe ouvrière ne fera pas un marché d'Esaü en troquant son droit de puîné contre un plat de len-

tilles. Est-ce dans cette tutelle patronale préconisée par l'école de
Le Play? Cette conception idyllique pèche par un point, c'est qu'elle
s'adresse à des esprits qui ne sont pas précisément portés à l'idylle.
Ils réclament comme un droit ce dont on veut leur faire une faveur
savamment mesurée. Le but étant de donner peu à peu le pouvoir
aux ouvriers, le premier et le plus sûr moyen des les rendre capables et dignes de le prendre est de leur permettre de s'organiser.
L'exemple de l'Angleterre est là pour montrer que le groupement
en Unions de métiers n'offre que des avantages. Il habitue à la discipline volontaire des hommes qui ne connaissaient que celle de
l'autorité; les relève à leurs propres yeux en les mettant sur le
pied d'égalité avec le patron[1]; fournit à la politique et à l'administration des spécialistes connaissant par expérience une des forces
vives de la nation. Il est utile aux patrons eux-mêmes en régu-
larisant leurs rapports avec leur personnel, en leur offrant des
garants et des bases de conventions durables, en diminuant le
nombre des grèves par la formation de tribunaux d'arbitrage et
de conciliation. Il procure à la classe ouvrière l'élévation de salaire, presque toujours obtenue quand elle est opportunément
demandée, c'est-à-dire quand la conjoncture est favorable; la participation progressive aux bénéfices, qui devient une sorte de
copropriété; l'accès de plus en plus large aux biens de la culture,
la liberté, l'indépendance, la sécurité de vie, le loisir.

Voilà la réforme urgente en Allemagne; les autres ne sont que
des palliatifs. Tout retard fait le jeu de la démocratie sociale en
rendant plus difficile la transformation naturelle de la société et
plus probable une révolution sociale.

Quant à l'étendue de cette transformation on ne peut demander
à l'économiste de la fixer. C'est assez pour nos faibles yeux de voir
ce qui sera dans quelques années. Ce qui se passera dans un siècle
échappe à nos prévisions. Si ce mouvement nous entraîne vers une
organisation collectiviste, si le ressort des actions humaines en
sera profondément modifié, nous l'ignorons, mais quand cela serait, pourquoi s'en effrayer? La société a subi des crises plus
redoutables. Il est vraisemblable cependant que le système actuel
subsistera sur bien des points, notamment dans la production

---

[1] Cf. *Rev. d'Écon. polit.*, 1890. *L'arbitrage et la conciliation dans l'industrie
des fers laminés et de l'acier du Nord de l'Angleterre*, par M. W. Lotz, p. 489.

agricole, où l'initiative privée peut difficilement être remplacée.
L'organisation industrielle sera longtemps dominée par la concurrence et les nécessités du marché du monde. Il est donc probable
que la propriété ne deviendra pas absolument collective, mais, par
des transformations juridiques, sera seulement rendue accessible
à un plus grand nombre de bénéficiaires.

Quoi qu'il en soit, le plus pressé est de donner aux ouvriers
franchement, loyalement, la liberté nécessaire pour faire leurs
propres affaires, et de nous habituer nous-mêmes dans nos mœurs
à les traiter avec les égards qui leur sont dus[1]. Voilà pourquoi
Brentano ne se lasse pas de provoquer et d'entretenir dans les
esprits l'agitation en faveur des Unions de métiers. On lui a reproché cette spécialisation, ses ennemis disent de lui : « C'est un
professeur de *Gewerk-Vereine*. » On voit par ce qui précède de
combien sa théorie dépasse ce point spécial ; mais, puisque c'est là
la maîtresse pièce de son système, on comprend l'importance qu'il
y attache, et, s'il croit avoir ainsi trouvé la solution de la question
sociale, on ne peut raisonnablement pas lui demander d'aller la
chercher ailleurs.

.*.

Telles sont les trois nuances, et comme les trois partis que contient ce parti des socialistes de la chaire, qui paraît un aux étrangers. Ajoutons que dans chaque nuance chaque professeur a aussi
son opinion personnelle, et l'on verra combien peut être trompeuse
une étiquette aussi générale. Ce qu'il y a de réellement commun
chez les membres de cette École, c'est la recherche d'une organisation économique telle que la société progresse non seulement en
richesse, mais encore, et surtout, en moralité, justice et culture.

S'il nous fallait juger cette tendance, nous reproduirions avec
plus de force encore la critique déjà adressée à l'École, dans le
précédent chapitre. Est-il possible de parler de progrès, de culture, de morale, de justice, si l'on n'a pris parti sur les questions
fondamentales de la destinée de l'homme, de sa liberté, de l'im-
mortalité de l'âme, de l'existence de Dieu? L'indépendance ici
n'est-elle pas une cause de faiblesse, et aussi une illusion? Le mot

[1] Cpr. l'abbé Fesch, *Du respect dû à l'ouvrier.*

« progrès » à lui seul implique toute une conception philosophique; et, du moment qu'on a de telles conceptions, ne vaudrait-il
pas mieux en avoir de claires que d'obscures?

Nous croyons que l'École allemande, dans l'art comme dans la
science, obéit à deux courants. Les uns sont partisans des explications mécaniques; ils croient à un enchaînement de phénomènes
dont la volonté humaine est un rouage et les diverses phases du
développement social un produit. Telle est la nuance de Brentano,
peut-être aussi celle de Wagner, très imbu du fatalisme marxiste
et disciple de Rodbertus-Jagetzow. Les doctrines des autres,
Schmoller, Cohn, Schönberg ne peuvent au contraire, d'après
nous, s'expliquer que par l'influence hégélienne régnante encore
à l'époque où cette génération étudiait. Sans doute ils ne diront
pas que Dieu *devient* et se réalise dans l'Univers par la raison
humaine. Mais ils croient, comme beaucoup de penseurs allemands[1], que cependant la marche vers le progrès, après avoir été
presque involontaire, devient de plus en plus consciente, méthodique, et que tout en respectant les conditions matérielles ou historiques dans lesquelles se meut la société, la volonté privée ou
publique a une action toujours plus grande sur l'organisation sociale. De là la part si large qu'ils ont faite à l'art dans l'économie
politique, leur complaisance pour les grands hommes d'État et les
esprits directeurs (führende Geister), et leur quasi-panthéisme
politique où l'État, seule personne sociale, est la substance de
l'individu[2].

Nous n'avons évidemment point à prendre parti dans une discussion qui, d'ailleurs, n'est pas nettement ouverte. Mais quel
que soit le principe auquel l'École se rattache, mécanique ou téléologique, elle ne peut, à notre avis, se tromper en réclamant
l'application des idées de justice, de compassion, de fraternité qui,
avec le Christianisme, ont pénétré l'âme de toutes les nations eu-
ropéennes, et qui, depuis dix-huit siècles ont été considérées par
elles comme le but auquel doit tendre leur plus noble activité.

---

[1] Voir dans la *Revue d'Économie Politique* de 1891, p. 240, la très remarquable étude de M. Rauh sur les *Idées sociales de M. Wundt.*

[2] A. Fouillée, *Histoire de la philosophie*, p. 450.

.٠.

L'opinion publique française attribue aux professeurs allemands une grande responsabilité dans les mesures de socialisme d'État prises pendant les vingt dernières années par le gouvernement allemand. Notre étude serait incomplète si elle laissait dans l'ombre ce point délicat. Nous n'aurions pas cependant la hardiesse de l'aborder si nous ne nous sentions aidé par les communications qu'ont bien voulu nous faire des hommes placés pour bien voir.

Toutes les mesures de socialisme d'État du règne de l'empereur Guillaume Ier ont été arrêtées par M. de Bismarck. Par suite, étudier l'influence des économistes sur la législation de Guillaume Ier, c'est rechercher leur influence sur le chancelier de l'Empire. Or, M. de Bismarck, on le sait de reste, n'était pas de ceux qui reçoivent des conseils, mais de ceux qui en donnent. Sans doute, comme tout le monde, il a subi des influences, mais ce n'est pas à l'époque de sa maturité, à la période de sa gloire, lorsqu'il était déjà devenu le chancelier de fer, mais dans un âge plus tendre, quand, avant d'être un puissant ministre, il n'était encore qu'un grand féodal. A cette époque, deux partis se disputaient la direction de la pensée économique, l'École manchestérienne, à laquelle appartenaient les bureaucrates et les commerçants, et l'École romantique d'Adam Müller, Lavergne-Péguilhen, etc. Cette dernière soutenait la féodalité agraire, rêvait le retour aux corporations du moyen-âge, et voulait féodaliser l'industrie par une réglementation appropriée. C'est naturellement à ce dernier parti qu'appartenait le comte de Bismarck. Il en était le porte-parole au *Landtag* en 1848. C'est là aussi qu'il prit ses tendances à la réglementation dans l'intérêt des classes dirigeantes.

On pourrait être tenté de croire que, plus tard, une autre influence, plus démocratique, vint se faire sentir, celle du socialiste Lassalle. Il y eut en effet entr'eux des échanges d'amabilités, des coquetteries, une admiration réciproque, que le parti socialiste a, ensuite, cruellement reprochée à Lassalle; mais il est probable que sous cette alliance apparente, chacun de ces hommes remarquables essayait seulement de faire servir l'autre à ses desseins. Ceux de M. de Bismarck étaient à ce moment surtout politiques (1861). Il avait, devant lui, au *Landtag*, des adversaires libéraux contre les-

quels, comme socialiste, Lassalle aussi avait à lutter; il ne lui dé-
plaisait pas d'aider l'ennemi de ses ennemis. Peut-être encore,
séduit par le charme personnel de l'agitateur, jugea-t-il sans danger de faire une expérience que le monarque pourrait toujours
arrêter puisque c'est lui qui fournirait l'argent, et il conseilla au
roi Guillaume de subventionner sur sa cassette des sociétés de
production, qui eurent l'insuccès que l'on sait. Il y gagna du moins
un certain renom de philanthropie, qui servait son action, tandis
que Lassalle, s'il n'était mort à temps, y aurait vraisemblablement
perdu toute popularité (1864) [1]. Là-dessus se précipitent les événements 1866, 1870, et les questions sociales ne reparaissent qu'a-
près la fondation de l'Empire.

Le Congrès du « Verein für Sozial-Politik » se tint à Eisenach
en 1872, en pleine période de hausse, au moment où les grèves
étaient fréquentes parce que les ouvriers voulaient, eux aussi,
bénéficier de la conjoncture favorable. Trois ans après (1875), se
réunit à Gotha le Congrès des Sozial-Demokrats, où l'influence de
Marx et de Liebknecht triompha des partisans de Lassalle et fit
rejeter une grande partie de leurs propositions [2].

Le Gouvernement ne s'intéressa pas beaucoup au Congrès d'Eisenach, qui correspondait à des conditions économiques naturelles [3]; en revanche, il s'émut de celui de Gotha qui annonçait
chez les masses une indépendance dangereuse. Déjà il s'apprêtait
à la lutte lorsque les attentats de Hœdel et de Nobiling (été de
1878) vinrent la lui imposer et lui en fournir les moyens. Mais
peut-être se trompa-t-il en recourant à la violence. Quoi qu'il en
soit, c'est à cette époque que fut édictée la loi du 21 avril 1878
contre les socialistes, loi qui, successivement renouvelée, n'a pris
fin que le 1er septembre 1890. Depuis, l'opinion de M. de Bismarck n'a jamais varié sur les socialistes : il a toujours penché,

[1] Cpr. de Laveleye, *Le socialisme contemporain*, p. 103.

[2] Consulter sur ce point un très intéressant écrit posthume de Marx, paru
dans la *Neue Zeit* de 1891, n° 18, et contenant une critique pénétrante du programme de Gotha.

[3] Toutefois, le conseiller intime, confident du chancelier, Hermann Wagener,
fut chargé d'y assister en qualité officielle de conseiller rapporteur au ministère
de l'Intérieur, et d'en référer au président du conseil (L. Bamberger, *Dict.
d'écon. polit. de Say et Chailly*, v° *Socialisme d'État*, p. 871). Cpr. aussi E.
de Laveleye, *op. cit.*, p. 102, 322.

contre eux, vers les moyens extrêmes, persuadé, comme il le disait
dans son langage imagé à un homme politique, de qui nous tenons
le propos, « que si l'on ne veut pas avoir de poules, il faut écra-
ser les œufs. »

Cependant il fallait justifier ces rigueurs aux yeux de l'opinion,
et ôter leur fondement aux réclamations socialistes les plus aiguës.
On ne pensa pas d'abord à l'assurance ouvrière. L'attention des
bureaux se tourna vers des améliorations de détail, notamment une
application plus rigoureuse de la loi du 7 juin 1871 sur les respon-
sabilités patronales (*Haftpflichtgesetz*); on songea aussi à user,
pour la première fois, de l'article 120 de la *Gewerbe-Ordnung* qui
autorise le *Bundesrath* à prescrire certaines mesures de surveillance des industries dangereuses. Mais, à ce moment, se produisit
un revirement dont la cause n'est pas très nette. Peut-être le chef
du Reichskanzleramt, M. Hoffmann, eut-il dans cette affaire trop
d'initiative; peut-être la mise en vigueur des mesures qu'il avait
ordonnées se heurta-t-elle aux intérêts de personnages considéra-
bles. Toujours est-il que ces mesures furent retirées, M. Hoffmann
remercié et que le chancelier prit lui-même l'affaire en main.

Il fit appeler alors non des économistes, qu'il englobait dans
son large dédain pour tous les théoriciens, non des ouvriers, qu'il
suspectait, mais un des chefs de la grande industrie, M. Stumm, le
roi de Neukirchen [1]. Celui-ci, immensément riche, d'une bonté
extrême pour son personnel, mais d'une autorité patriarcale
absolue, a pour système d'assurer largement les intérêts matériels
de ses subordonnés à condition qu'ils renoncent à les revendiquer
eux-mêmes. Comme tous les grands industriels, il avait en horreur
la loi sur la responsabilité, non tant à cause des sacrifices pécu-
niaires qu'elle lui imposait que pour les idées d'indépendance
qu'elle éveillait chez les ouvriers. Afin de se débarrasser de réclamations importunes, il avait assuré ses ouvriers à des compagnies et établi chez lui des pensions de retraite, qui avaient le
double résultat de les soulager dans leur vieillesse, mais, dans leur
âge mûr, de les river davantage à la maison. C'est ce système
qu'il recommanda, système trop conforme aux anciennes idées
féodales du chancelier pour n'être pas adopté.

De là est sortie, après plusieurs remaniements, la loi d'assurance

[1] Membre de la Chambre des seigneurs depuis 1882.

contre les accidents (6 juillet 1884), qui entraîna celle contre la
maladie, votée avant (15 juin 1883), car elle la supposait appliquée
pendant les treize premières semaines de l'accident. Logiquement
enfin, on en arriva à l'assurance contre la vieillesse (loi du 22 juin
1889).

On voit à quelle pensée obéissaient ces réformes. Elles n'ont
aucun caractère vraiment démocratique et ne tendent point à préparer une transformation sociale en faveur de la classe ouvrière,
mais à maintenir celle-ci sous la tutelle des classes dirigeantes en
pourvoyant aux plus pressés de ses besoins matériels. On donnait
aux ouvriers du pain, mais on leur refusait la liberté de s'associer;
on voulait les habituer à attendre d'en haut l'amélioration de leur
sort.

Nous connaissons l'effet de ces savantes manœuvres. Les succès
des socialistes ont été grandissants. Ils considèrent les bienfaits de
l'assurance soit comme une aumône insultante, soit comme une
restitution dérisoire, soit comme une perfidie pour diviser le parti.
S'ils s'habituent, il est vrai, comme on le désirait, à tout attendre
de l'État, c'est avec l'arrière-pensée d'en prendre eux-mêmes les
rênes. En un mot, plus forts que jamais, ils allaient rendre peut-
être nécessaire, dans la pensée du chancelier, son terrible écra-
sement et des œufs et des poules, et si celui-ci est tombé, c'est,
entre autres causes, parce qu'à l'occasion de la grève des mineurs
de Westphalie le jeune empereur n'a pas voulu y souscrire[1].

. Le chancelier n'a donc rien pris aux économistes, quoiqu'évidemment il ait dû voir d'un bon œil ceux qui s'abandonnaient au
génie des grands hommes d'État. Mais ce ne sont pas leurs théories
qui ont déterminé son action : la proposition renversée serait plus
près de la vérité. En fait, croyons-nous, il n'a jamais appelé
comme conseils que M. Schœffle, qui n'appartient à aucune École,
et M. Wagner. Le premier fut très bien reçu, seulement on n'ap-
pliqua aucune de ses idées. Quant à M. Wagner, alors député au
Reichstag, son appui fut sollicité en faveur du monopole du tabac,
une de ses théories financières favorites. Le chancelier, qui tenait
à avoir par là une grosse source de revenus permanents soustraits

[1] Sur les tendances Bismarckiennes, consulter Schmoller, *Zur Sozial-und
Gewerbe-Politik; die Kaiserlichen Erlasse vom 4 feb. 1890* : Poschinger, *Fürst
Bismarck als Volkswirth*, 3ᵉ vol. : *Mémoire sur les mouvements séditieux des
mineurs et les moyens d'y remédier.*

au contrôle du Reichstag, l'autorisa à dire, dans les réunions publiques, que cet argent serait affecté au soulagement des classes inférieures, et pouvait être considéré comme le « patrimoine des pauvres. » Wagner le crut, fit cette campagne, qui échoua : mais, eût-elle réussi, il est probable que, dans le service des pauvres, le chancelier eût commencé par lui-même.

En résumé, l'influence des économistes sur la politique sociale du règne de Guillaume Ier a été à peu près nulle, elle s'est bornée à préparer l'opinion publique à accepter des mesures décidées sans eux.

Nous n'en dirons pas autant du règne de Guillaume II. On ne remarque point, il est vrai, qu'aucune personnalité bien connue soit appelée à donner des conseils, et le jeune empereur paraît vouloir se diriger lui-même; mais, volontairement ou non, il subit l'influence de son époque. Il a étudié dans les Universités, précisément alors que se répandaient les doctrines éthiques des socialistes de la chaire. Son précepteur, M. Hinzpeter, en était imbu. Son professeur et maître particulier de l'Université de Bonn, Held, était membre du « Verein für Sozial-Politik. » Avec son ami d'antan, le pasteur Stœcker, il a connu le socialisme évangélique, avec Bismarck, « le glorieux porte-drapeau, » le socialisme d'État : enfin, la forte tête du ministère actuel, M. Miquel, sait les aspirations de la démocratie, et a été, lui aussi, membre du « Verein ». Aussi doit-on considérer comme le fruit de son éducation les généreuses tendances manifestées par l'Empereur au début de son règne; certaines pages de ses rescrits, notamment pour la convocation de la conférence de Berlin[1], semblent détachées du programme du Congrès d'Eisenach. Schmoller ne s'y est pas trompé, il y a répondu par un cri de joie[2] comme l'aigle lorsque l'aiglon revient au nid.

Mais il faut faire ici une importante réserve. L'Empereur, même au début de son règne, même quand il a voulu aller au plus pressé et étendre entre les patrons et les ouvriers la forte main de l'État, n'a pas entendu adopter le système de l'intervention continue. Quoique essentiellement allemand, il a pris quelque chose aux

---

[1] Voir le texte, *Bulletin de statistique du ministère des finances de France*, février 1890, p. 212.
[2] Schmoller, *op. cit.*, p. 482.

4

idées anglaises de sa mère. Il considérait cette protection comme une mesure transitoire, et croyait, suivant l'expression de Colbert, que les ouvriers, lorsqu'avec ces béquilles ils auraient appris à marcher, devraient s'habituer à faire leurs affaires tout seuls. Aura-t-il la patience de suivre à leur égard un plan méthodique, ne se laissera-t-il pas emporter par son tempérament irritable, et, rebuté par les difficultés, ne cédera-t-il pas aux doctrines absolutistes pour lesquelles il a tant de penchant? On peut le craindre d'après une de ces phrases à panache dont il est coutumier[1], et aussi d'après les événements que nous voyons se dérouler sous nos yeux.

Quoi qu'il en soit, l'Europe doit rendre justice, tout au moins à ses intentions, et désirer qu'il ait la force de les réaliser pleinement. Ce n'est pas sur ce terrain qu'il trouvera l'opposition de la France.

CHAPITRE III.

Spécialités.

Dans les deux précédents chapitres, nous avons esssayé de dégager les tendances générales de l'enseignement économique des Universités allemandes. Mais ce but n'était pas le seul que nous poursuivions. Nous voulions faire connaître aussi, au public français, la physionomie, les tendances personnelles des économistes. Nous sommes ainsi entraîné à donner une série, nous n'osons pas dire de portraits, mais de notes, prises un peu rapidement au cours d'une mission qui nous a paru trop brève. Pour remédier à ce qu'une pareille tentative peut avoir de hasardeux, nous y joindrons la liste aussi complète que possible des ouvrages des auteurs dont nous parlons : par là, le lecteur, suivant sa curiosité ou le besoin de ses études, aura le moyen de se faire lui-même son opinion.

Ce caractère de notes, que nous revendiquons pour les lignes qui vont suivre, nous donnera une grande liberté. Il nous dispensera de juger les hommes, il nous évitera d'essayer même de faire cette opération toujours un peu pédantesque, qu'on appelle

---

[1] « Je ferais tout pour les ouvriers, mais s'ils tentaient de faire violence à l'ordre établi, je les écraserais. » *Revue d'Écon. polit.*, 1890, p. 413.

un classement. Et par là, il rendra moins grave le reproche que nous encourons volontairement d'avoir été incomplet. Si nous annoncions une galerie de portraits, on pourrait s'étonner que nous négligions çà et là les plus importants. Mais on ne peut nous demander d'autres impressions que celles que nous avons éprouvées nous-mêmes : la longueur ou la brièveté de ces notes n'impliquera donc aucune suprématie ou aucune infériorité; elle dépendra seulement des loisirs que nous avons eu de faire les observations qui y donnent lieu. De même, certaines omissions s'expliqueront très facilement par ce fait que, n'étant pas entré en relations personnelles avec tous les économistes, nous avons mieux aimé nous taire sur quelques-uns que d'en parler à la légère. Cette lacune est particulièrement regrettable en ce qui concerne M. Knapp, professeur à l'Université de Strasbourg, un des représentants les plus estimés de l'école historique[1].

Toutefois, il est deux séries d'omissions préméditées. Elles sont dues au désir que nous avons de ne pas allonger cette étude déjà trop considérable. Nous avons, dans ce but, exagéré la rigueur de

---

[1] Le séminaire de M. Knapp est un des plus fréquentés d'Allemagne. Son influence sur les jeunes gens est considérable. Ils ont pour leur maître une véritable admiration. Pourtant M. Knapp s'interdit plus que tout autre les généralisations. Il s'astreint et les astreint à une exacte description, mais ses descriptions sont si vivantes, si colorées, qu'il semble ressusciter les époques disparues. En même temps, esprit mâle et actif, il est, en art social, un des croyants les plus décidés de la liberté et de l'efficacité de la volonté. Nous donnons ici la liste de ses ouvrages. Mais, quoique complète, elle ne contient cependant pas tout. Une bonne part de ses idées et de son travail se retrouvent dans les écrits sortis de son séminaire. Nous en indiquons ailleurs quelques-uns. Il pourrait très légitimement les inscrire à la suite des siens, avec la mention dont usent les professeurs de médecine : « thèse inspirée. »
Œuvres de Knapp :
Ueber die Ermittlung der Sterblichkeit. Leipzig, 1868 (sur les méthodes de mensuration de la mortalité). — Die Sterblichkeit in Sachsen. Leipzig, 1869 (sur la mortalité dans le royaume de Saxe). — Theorie des Bevölkerungs-Wechsels. Braunschweig, 1874 (sur la théorie du mouvement de la population). — Mittheilungen des Statistischen Bureaus der Stadt Leipzig. Leipzig, 1868-1874, sieben Hefte. (Publications du bureau de statistique de la ville de Leipzig, 7 cahiers). — Die Bauernbefreiung in den älteren Theilen Preussens, 2 Bände. Leipzig, 1887 (l'émancipation des paysans en Prusse, 2 vol.). — Die Landarbeiter in Knechtschaft und Freiheit, (vier Vorträge). Leipzig, 1891 (les travailleurs de campagne, en servitude et en liberté, 4 Essais; voy. le 1er, Revue d'Écon. pol., nov. 1891).

notre plan en excluant systématiquement, d'une part les économistes qui n'enseignent pas dans les Universités ou n'y sont pas professeurs titulaires[1] : beaucoup ont déjà un nom; avant peu, assurément, les autres nous feront repentir de notre réserve, mais il faut bien laisser quelque chose à faire aux monographes de l'avenir; d'autre part, parmi les économistes des Universités, ceux qui, quoique vivants, sont déjà entrés dans l'histoire, comme Roscher, Knies, Hanssen. Ils dominent l'Économie politique contemporaine ; ils ne lui appartiennent plus.

I. *Université de Berlin.* Nous retrouvons ici les deux noms déjà connus de Schmoller et de Wagner.

.*.

Schmoller. — Reprenons cette intéressante figure de Schmoller et essayons de la fixer. Ce ne sera point facile. Schmoller n'est pas de ces hommes que l'on peut dessiner d'un trait. Il ne se laisse pas ranger sous une étiquette; il est fait de contrastes, plus que de contrastes, de nuances. Vous croyez pouvoir le définir par une phrase, elle contient une réserve; vous l'étudiez comme savant, sous le savant perce le politique : vous le prenez comme politique, au premier abord son audace vous effraye, mais elle est entourée de tant de conditions et de délais que vous ne tardez pas à ne ressentir que le charme d'une peur littéraire. Orateur remarquable, il est, suivant qu'il le faut, chaud et passionné comme un tribun ou disert et insinuant comme un rhéteur; en chaire, il se contente d'être clair et simple comme un vulgarisateur.

Quelques-unes des pages de ses *Grundfragen* sont d'une grandeur, d'une élévation, d'un style de philosophe; mais si vous lisez sa polémique, vous lui trouvez la cruauté nécessaire pour écorcher tout vivant le satyre Marsyas. Ne croyez point que ces aspects divers soient la marque d'un esprit indécis; non, mais d'un esprit vif, souple, mobile, fin, qui sait voir et traduire les nuances variées

[1] MM. Sering, Kauffmann, Hœniger, Oldenberg, Lotz, v. Schulze-Gävernitz, K. Bücher, Diehl, Schwiedland.

do la réalité. Ne croyez pas non plus que cette finesse soit habileté;
elle est inhérente et naturelle à cette intelligence, comme la forme
et la couleur à un corps. Avec cela, malgré sa haute position, simple dans ses manières, accessible, bienveillant, bon aux jeunes;
toujours prêt à les aider de ses conseils et à leur consacrer ce que,
sans doute, ce travailleur infatigable considère comme le plus précieux, de longues heures de son temps.

Quelle est sa philosophie? C'est une sorte de positivisme spiri-
tualiste, si ces mots ne jurent pas de se trouver ensemble. Il a foi
dans la méthode d'observation et dans les lois de causalité. Et
cependant, il a une tendance à croire que la volonté humaine
échappe au déterminisme, qu'elle possède une énergie, une force
de direction qui lui sont propres. Il pense que la société marche
poussée par des lois, et cependant, il admet comme principes
directeurs de l'homme, aussi bien l'idéal et les considérations de
causes finales que la connaissance de ces lois. S'il ne refusait pas
nettement de se laisser classer parmi les Hégéliens, c'est bien
certainement par cette dénomination que nous expliquerions de
tels contrastes. Ne le pouvant, nous dirons que Schmoller se range
au nombre de ces penseurs que tourmente le problème éternel de
la liberté et de la nécessité, et peut-être ce dualisme est-il le trait
dominant de son insaisissable physionomie.

On a reproché à Schmoller de confondre la science et l'art. A
notre avis, au contraire, nul ne les a plus nettement séparés. Nous
nous sommes suffisamment expliqué sur ce point pour n'avoir pas
à y revenir. Voici, d'après lui, le bilan de la science. « Le terrain
« du savoir exact est encore bien limité. Nous avons les débuts
« d'une économie politique dans les recherches autour de la notion
« de prix et de valeur; les débuts d'une théorie exacte de la popu-
« lation dans la statistique; pour les questions essentielles de la vie
« agricole, nous avons déjà beaucoup d'enquêtes exactes, moins
« pour la vie industrielle. Quant aux parties psychologiques et
« historiques des sciences d'État, les recherches sérieuses ont com-
« mencé depuis trop peu de temps pour qu'on possède autre chose
« qu'une réunion de matériaux. Dans la science d'État et celle des
« Finances, nous manquions jusqu'à ces derniers temps d'une
« discipline (Behandlung) quelque peu précise : sur ces domaines
« s'étend encore presque absolument la période métaphysique.
« Mais là aussi, la marche va bientôt changer : il faudra, après

« une direction presque exclusivement métaphysique, arriver à
« une méthode exacte[1]. »

C'est au contraire dans la notion qu'il se fait de l'art que Schmoller
pourrait être plus justement critiqué. En science, il semble absolument positiviste; en art, il admet la métaphysique, l' « apriorisme »
et même l' « impressionisme. » La science lui paraît trop peu avancée encore pour fournir à l'art des données positives, et cependant
il faut marcher! D'après quels principes? « Nous sommes encore
« loin de pouvoir expliquer pleinement un corps vivant par ses
« causes essentielles, pas même la croissance d'une plante, d'un
« animal; à plus forte raison, le développement des sociétés hu-
« maines. Partout l'explication empirique, par des causes simples,
« suppose un état harmoniquement ordonné du monde et de la
« société, dont la science ne peut donner les causes. Et avant tout,
« la pierre angulaire de notre science et de notre foi, la croyance
« à l'unité de construction du monde, et par suite le pressentiment
« d'une organisation divine, est en dehors d'une explication de
« causalité mécanique[2]. Ce sont, avant tout, les idées morales du
« bien, du vrai, du juste qui, nées d'un rapprochement du senti-
« ment sanctionnateur de plaisir et de peine avec la conception
« d'un tout universel et d'une juste direction de cet univers, et
« poussées sur le terrain téléologique, forment jusqu'à ce jour la
« règle de notre activité individuelle et sociale. Les principes de la
« liberté, de l'autorité, de la justice, de la libre concurrence sont
« des astres conducteurs, des lignes de direction pour la conduite;
« ils ne fournissent aucune connaissance propre, aucune preuve
« des causes élémentaires, mais ils contiennent, pour celui qui y
« croit, une indication à agir dans un sens déterminé[3]. » De là à
la théorie des hommes d'État providentiels, il n'y a qu'un pas
qui est vite franchi. Le grand homme d'État incarne précisément
ces principes directeurs de la masse et les applique, avec une énergie singulière, au moment voulu. « Aristote dit quelque part qu'un
« peuple qui possède un vraiment grand homme d'État n'a rien de
« plus sage à faire que de s'en remettre à lui de la conduite de ses
« affaires[4]. » Quant à la science, « comme le chœur de la tragédie

[1] Schmoller, *Zur Social-und Gewerbe Politik*, p. 189.
[2] P. 186.
[3] P. 187 et 188.
[4] P. 190.

« antique, olle no doit pas agir par olle-même, mais, séparée do la
« scène, elle accompagno de ses réflexions les acteurs, et les juge
« à la mesuro du plus haut idéal de son temps[1]. »

Nous apercevons parfaitement la portée pratique et politique
d'une pareille conception : sa portée scientifique nous apparaît
moins clairement. Si les considérations téléologiques sont équiva-
lentes aux explications scientifiques (*ebenbürtig*)[2], si l'homme
d'État incarne tous les principes directeurs, nous ne comprenons
plus pour qui ni pour quoi l'on fait do la science et de l'art, et
le rôle de l'économiste nous parait un peu trop désintéressé.

En fait, Schmoller a approuvé la nationalisation des chemins de
fer prussiens, mais il aurait voulu n'en remplacer que l'administration, et maintenir les capitaux particuliers qui s'y étaient enga-
gés. Il a approuvé les lois d'assurance, mais surtout comme stimulant des caisses de secours. Enfin, nous l'avons vu, il voudrait
un développement parallèle et harmonique du pouvoir central
organisé et des libertés individuelles. Ce programme est plein de
bonnes intentions, mais n'est-il pas contradictoire? Est-ce en pro-
pageant la théorie des « esprits directeurs » que l'on suscitera les
énergies de la masse[3]?

[1] P. 192.
[2] P. 187.
[3] OEuvres de Schmoller :

Zür Geschichte der nationalökonomischen Ansichten in Deutschland, wahrend
der Reformationsperiode, Tübingen, Zeitschrift für die gesammte Staatswissenschaft. 1860. — Die Lehre vom Einkommen in ihrem Zusammenhang mit
den Grundprincipien der Steuerlehre, 1863. — Die ländliche Arbeiterfrage mit
besonderer Rücksicht auf die norddeutschen Verhältnisse. *Ibid.*, 1866. —
Ueber Schafstatistik, Schafhaltung und Wollpreise. *Ibid.*, 1869. — Die historische Entwickelung des Fleischkonsums, sowie der Vieh- und Fleischpreisen
in Deutschland. *Ibid.*, 1871. — Die Arbeiterfrage (Preussische Iahrbücher),
1864-65. Nationalökonomische und sozialpolitische Rückblicke auf Nordame-
rika. *Ibid.*, 1866. — Zur Geschichte der deutschen Kleingewerbe im 19 Jahrhundert. Halle, 1870. — Die Resultate der Gewerbestatistik von 1861. Würt-
tembergische Iahrbücher 1862. — Ueber einige Grundfragen des Rechts und
der Volkswirthschaft. Ein offenes Sendschreiben an Herrn Prof. Dr. Heinrich
von Treitschke. 2. Auflage. Leipzig, 1875. — Strassburg zur Zeit der Zunft-
kämpfe. Strassburg, 1875. — Strassburgs Blüthe und die volkswirthschaftliche Revolution im XIII. Jahrhundert. Strassburg, 1875. — Die Strassburger
Tucher- und Weberzunft. Strassburg, 1879. — Die öffentlichen Leihhäuser,
sowie das Pfandleih- und Rückkaufsgeschäft überhaupt. Ein Beitrag zu der
Lehre von der Zins- und Gewerbefreiheit und von den öffentlichen Unter-

Wagner. — Tandis que Schmoller est tout de nuances, de réserves, de ménagements, d'opportunisme, son collègue de Berlin, Ad. Wagner, est un tempérament radical. Il a d'abord appartenu à l'école manchestérienne et en a gardé l'habitude des solutions absolues. Venu tard à l'école historique, il ne s'y est jamais

nehmungen. Jahrbuch für Gesetzgebung, etc., 1880. — Zur deutschen Wirthschaftsgeschichte. *Ibid.*, 1880. — Ueber Zweck und Ziele des Jahrbuchs. *Ibid.*, 1881. — Materialien zum Arbeiterversicherungswesen. *Ibid.*, 1881. — Theorie und Praxis der deutschen Steuerreform in Reich, Staat und Gemeinde. *Ibid.*, 1881. — Die amerikanische Konkurrenz und die Lage der mitteleuropäischen, besonders der deutschen Landwirthschaft. *Ibid.*, 1882. — Die Jahresversammlung des Volkwirthschaftlichen Kongresses und des Vereins für Sozialpolitik im Spätherbst 1882. *Ibid.*, 1883. — Die neuesten Publikationen über die Lage des preussischen und deutschen Bauernstandes. *Ibid.*, 1883. — Analekten und Randglossen zur Debatte über Erhöhung der Getreidezölle. *Ibid.*, 1884. — Die Vorschläge zur Beseitigung oder Einschränkung des ländlichen Hypothekenkredits. *Ibid.*, 1887. — Die soziale Entwickelung Deutschlands und Englands, hauptsächlich auf dem platten Lande im Mittelalter. *Ibid.*, 1888. — Der Kampf des preussischen Königthums um die Erhaltung des Bauernstandes. *Ibid.*, 1888. — Die Thatsachen der Arbeitstheilung. *Ibid.*, 1889 et Rev. d'Econ. pol., vol. 3 et 4. — Das Wesen der Arbeitstheilung und die soziale Klassenbildung. *Ibid.*, 1890. — Die geschichtliche Entwickelung der Unternehmung. 1890-91. — Neuere Literatur über unsere handelspolitische Zukunft. *Ibid.*, 1891. La participation aux Bénéfices, Rev. d'Econ. pol., vol. 5. — Ueber die Entwickelung des Grossbetriebes und die soziale Klasseneildung (preuss. Jahrb., vol 69.

Sans compter de nombreuses contributions dans le *Jahrbuch für Gesetzgebung*, etc., surtout des comptes-rendus ; en outre quelques Essais qui ont été réunis dans les deux ouvrages suivants : Zur Litteraturgeschichte der Staats- und Sozialwissenschaften. Leipzig, 1888. — Zur Sozial- und Gewerbe politik der Gegenwart. Reden und Aufsätze. Leipzig, 1890.

Plus des articles pour l'histoire de Prusse-Brandebourg : Die innere Verwaltung des preuszischen Staates unter Friedrich Wilhelm I. Preuss. Jahrbücher. Bd. 25. — Der preussische Beamtenstand unter Friedrich Wilhelm I. *Ibid.*, Bd. 26. — Die Verwaltung Ostpreussens unter Friedrich Wilhelm I. (Sybel's Historische Zeitschrift. Bd. 30). — Die Entstehung des preussischen Heeres von 1640-1750. (Deutsche Rundschau. Bd. 3, Heft 11). — Das Städtewesen unter Friedrich Wilhelm I. 5 Articles dans la Zeitschrift für preuszische Geschichte und Landeskunde. Bd. 8, 10, 11, 12. — Die Handelssperre zwischen Brandenburg und Pommern 1562. *Ibid.*, Bd. 19. — Die russische Kompagnie in Berlin 1724-38. Ein Beitrag zur Geschichte der brandenburgischen Tuch-Industrie und des preussischen Exports im 18. Jahrhundert. *Ibid.*, Bd. 20. — Die preussische Kolonisation im 17 und 18 Jahrhundert. Écrits du Verein für Sozialpolitik. Bd 32. — Die Epochen der preussischen Finanzpolitik. Jahrbuch für Gesetzgebung, 1880. — Studien über die wirthschaftliche Politik Friedrichs des Grossen. *Ibid.*, 1884-88.

complètement rallié. Il pense, comme Menger, que l'esprit humain
ne peut se contenter indéfiniment d'études préparatoires, mais a
besoin de vues d'ensemble. Est-il vrai qu'elles soient impossibles?
Cela dépend de la méthode. Si l'on veut user du microscope,
étudier, jusque dans leurs détails, les moindres institutions, les
plus petits événements, alors oui, il faudra des années et des
années, et probablement, à la fin, l'œil sera tellement faussé qu'il
ne pourra plus voir les grandes lignes de l'économie. Qu'on se
recule, au contraire, qu'on s'attache aux grandes masses, et, sans
le secours d'aucun instrument, on pourra les déterminer. C'est là
l'objet de l'Économie politique. Elle est science du général et non
du particulier. Qu'on n'oppose pas la contingence des sociétés.
Sans doute, elles se modifient dans le temps, comme l'esprit de
l'homme, mais ces modifications sont si lentes qu'on peut essayer
de bâtir un système sur les données actuelles, avec l'espoir légitime que les fondements ne s'écrouleront pas de si tôt.

On voit la différence de méthode : c'est celle de l'analyse et
de la synthèse. Nous n'avons heureusement pas à prendre parti
ici. Il nous suffira de dire que les deux rivaux sont des maîtres,
chacun dans la sienne, et que, si rien n'égale la finesse des ana-
lyses de Schmoller, rien n'est plus grandiose ni plus symétrique
que les vastes constructions de Wagner.

Cette différence s'accuse dans leur œuvre. Schmoller écrit des
monographies, Wagner bâtit des traités. Il projette, croyons-nous,
un grand ouvrage en collaboration, analogue au *Handbuch* de
Schönberg, qui comprendrait dix volumes. Son œuvre capitale est
le traité d'Économie politique et de Science des Finances, (cinq volumes), en collaboration (purement nominale) avec feu Erwin Nasse.
L'Économie politique devra faire l'objet de deux de ces volumes,
dont un seul est encore paru. Ce qui frappe dans cette œuvre, c'est
sa belle ordonnance. On sent un esprit vigoureux et généralisateur
qui divise par grandes masses. La tendance allemande reprend ses
droits dans une subdivision des alinéas, en nombre quelque peu
excessif.

La caractéristique de tout le système, admirablement lié, c'est
la prédominance du point de vue social sur le point de vue individuel. Pour Wagner, la société est tout, l'individu rien. Tous
les droits qui lui sont concédés lui viennent de la société et pour
l'avantage de la société. Actuellement, l'organisation sociale est

telle : certaines fonctions économiques sont abandonnées au principe privé égoïste, d'autres au principe charitable, d'autres au principe collectif. Ces divers principes agissent chacun dans sa sphère, en se complétant, mais les deux premiers n'interviennent que par délégation de la société et parce que, actuellement[1], elle serait incapable d'accomplir directement leur office. C'est en vertu de cette idée que le capitaliste est défini : « Un fonctionnaire de la collectivité pour la formation et l'emploi du fonds national des moyens de production[2]. »

La prédominance du point de vue social a inspiré la partie la plus originale de l'œuvre, celle qui touche aux relations du droit et de l'Economie politique. Wagner fait remarquer, avec beaucoup de raison, que l'activité économique ne se meut jamais que sur un terrain préparé, divisé, organisé par le droit, tantôt extrêmement inégal tantôt nivelé. C'est la position qu'on occupe sur ce terrain qui donne en grande partie l'avantage ou le désavantage. Tout le libéralisme de l'école orthodoxe provient de la supposition inexacte que le terrain est le même pour tous. Ce droit lui-même est lié aux conditions de la vie commune; il est variable et progessif comme elle : « Au lieu de considérer la liberté comme un dogme, dit notre Dunoyer, cité par Wagner, je la considère comme un résultat. Au lieu d'en faire un attribut de l'homme, j'en fais un attribut de la civilisation. » On en voit la conséquence. Il ne faut pas demander quels sont les droits naturels de liberté de l'individu, ni quelle capacité d'acquérir et de contracter possède l'individu conçu de cette manière absolue, ni par suite quels sont les droits de la société vis-à-vis de l'individu et de sa propriété; mais, à l'inverse, quelles sont les conditions de la vie sociale commune, spécialement de la vie économique commune, telle que l'Economie nationale la comporte; et par suite aussi quelle doit être la sphère de liberté de l'individu, son droit patrimonial, et comment doit être réglée l'organisation juridique de la propriété et des contrats, en se plaçant, avant tout, au point de vue de ces conditions.

Dans cette théorie, la plupart des progrès économiques doivent

[1] Wagner ajoute : « Et pour une durée qu'on ne peut pas prévoir, » § 205.

[2] T. I, § 287.

s'opérer par l'intermédiaire du droit[1]. Cette croyance est celle des socialistes, et l'on sait que Wagner est allé loin dans cette voie[2].

Toutes ces idées ne sont pas absolument nouvelles. On en trouve le germe dans Rodbertus-Jagetzow, Lavergne-Péguilhen, Marx, Lassalle. Mais ce qui appartient en propre à Wagner, c'est la clarté, la logique, la symétrie de leur exposition.

D'ailleurs, à côté de ces tendances générales, Wagner, comme presque tous les professeurs allemands, a une spécialité dans laquelle il s'enferme plus volontiers, c'est la question des banques, de l'argent, des finances. Là, de généralisateur qu'il était, il devient chercheur « forscher, » et, tandis que ses théories sociales peuvent être et sont très discutées, ses traités spéciaux, en ce qu'ils ont de technique, font autorité et ont une valeur incontestée de conquête définitive[3].

---

[1] Wagner, *op. cit.*, 2ᵉ éd., p. 381, cpr. Ihering, *Zweck im Recht*, p. 517. Lassalle, *System der erworbenen Rechten*, etc.

[2] Voir p. 33.

[3] OEuvres de Ad. Wagner :

Beiträge zur Lehre von den Banken. Leipzig, 1857. — Das neue Lotterieanlehen und die Reform der œsterreichischen Nationalbank. Vienne, 1860. — Die Geld-und Creditscheine der Peelschen englischen Bankacte. Vienne, 1861. — Die österreichische Valuta. Vienne, 1862. — Die Modificationen des Uebereinkommens zwischen Staat und Bank. Vienne, 1862. — Die Ordnung des Oesterreichischen Staatshaushaltes. Vienne, 1863. — Die Gesetzmäsigkeit in den scheinbar willkührlichen menschlichen Handlungen vom Standpunkt der Statistik (deux parties). Hambourg, 1864. — Beiträge zur Finanz-Statistik des Ostseegouvernements. Dorpat, 1866. — Die russische Papierwährung. Riga, 1868. Gedächtnissrede auf Professor v. Mangoldt, 1870. — Die Abschaffung des privaten Grundeigenthums. Leipzig, 1870. — Elsass und Lothringen und ihre Wiedervereinigung für Deutschland. — Die Veränderungen der Karte von Europa. Berlin, 1871. — Rede über die sociale Frage. Berlin, 1871. — Rau's Lehrbuch der Finanzwissenschaft (remanié). 5ᵉ édit., 1872. — Deutsches Reichsfinanzwesen. Leipzig, 1872. — System der Zettelbankpolitik. Traité des Banques d'émission, 1ʳᵉ part., 1870, 2ᵉ part., 1873. — Staatspapiergeld, Reichskassenscheine und Banknoten. Berlin, 1874. — Die Zettelbankreform im deutschen Reiche. Berlin, 1875. — *Lehrbuch der Politischen OEkonomie*, comprenant : A. Partie générale ou *Économie politique théorique*. 1ʳᵉ édit., Leipzig, 1876; 2ᵉ édit., Leipzig, 1879; 3ᵉ édit. sous presse. — B. *Science des finances*. 1ʳᵉ part., 3ᵉ édit., 1883. Einleitung und Ordnung der Finanzwirtschschaft. — 2ᵉ part., 2ᵉ édit., 1890. Theoretische Besteuerung. — 3ᵉ part. Specielle Steuerlehre. Leipzig, 1886-1889; à part : Die Französische Besteuerung v. 1789-1860. — 2 autres parties à paraître. — Die Cammeralstecn.... Leipzig,

II. *Université de Leipzig.* — Ici nous retrouvons un nom déjà connu, celui de *Brentano*[1].

Brentano, d'origine italienne, est le plus clair, le plus affiné, le plus spirituel de tous les économistes allemands[2]. Son intelligence, d'une lucidité merveilleuse, n'est dupe ni des apparences de fond, ni des apparences de forme. Il lui faut des vérités arrêtées et solides. Volontairement, il se condamne quelquefois à ne pas voir trop loin, afin de voir plus clair, mais tout ce qu'il voit est plein, vivant, coloré, comme un tableau d'une bonne lumière.

Ses conceptions sont naturellement bien ordonnées, ses solutions toujours techniquement élégantes. Il y apporte une sorte de tact esthétique qui lui fait repousser les opinions extrêmes, autant comme des fautes de goût que comme des erreurs. Mais chez lui, la finesse n'exclut pas la force, et, de tous les économistes, au contraire, c'est celui qui s'est jeté le plus résolûment dans la lutte sociale. Il a attaqué de front la personne même des chefs socialistes et parlé aux ouvriers; en même temps, il faisait campagne contre les patrons coalisés de la grande industrie qu'il qualifiait de nouveaux barons féodaux. Naturellement, toujours entre les deux camps, il a souvent reçu les coups des deux partis; on peut se rassurer, ce n'est pas sans les rendre. Il possède, en effet, une arme terrible, un esprit d'une ironie imprévue et charmante, brillant et perçant comme une épée, que je comparerais volontiers à celui d'Henri Heine si j'étais bien sûr qu'en Allemagne cette comparaison passât pour un éloge; peut-être cependant, comme au grand poëte, lui a-t-il valu, jusqu'à ce jour, plus de haines qu'il ne lui a rapporté d'amitiés.

Brentano a peu écrit sur la méthode, nous avons dit ailleurs pourquoi. Toutefois on a de lui une « leçon sur l'économie poli-

1878. — Unsere Münzreform. 1875, Berlin. — Zur Münzpolitik Deutschlands. 2ᵉ édit., Berlin, 1890. — Der Staat und das Versicherungswesen. Tübingen, 1881.

En outre divers articles dans de nombreuses Revues.

Enfin, en collaboration avec Schumacher et Kosak, publication des trois volumes d'œuvres posthumes de Rodbertus, avec les lettres de Lassalle à celui-ci.

[1] Depuis cette année, M. Brentano a quitté Leipzig pour occuper la chaire de son ancien maître, Helferich, à l'Université de Munich.

[2] Quelqu'un qui le connaît bien en a tracé ce portrait amusant et exact : « Il a le cœur d'un Allemand, le style d'un Français, la diplomatie d'un Italien et l'idéal d'un Anglais. »

tique classique, » dans laquelle il explique la supériorité de la
méthode historique[1] à laquelle il se rattache. Nous croyons même
que c'est de lui que vient l'épithète de « réaliste, » ajoutée à ce
qualificatif d'historique, dont se pare l'École allemande. Mais dans
l'application de cette méthode, il ne se croit pas obligé de pousser
la prudence et le scrupule aussi loin que Schmoller. « L'Économie
« politique, dit-il quelque part[2], est une science d'expérience. Sa
« méthode est, par suite, nécessairement, celle de l'observation
« de la vie économique. Le but de cette observation est d'arriver
« à poser des principes généraux d'où pourront être déduits
« d'autres principes. Si cette déduction est elle-même correcte,
« la concordance des corollaires obtenus avec la réalité est une
« nouvelle preuve de la certitude des principes d'où elle a été
« obtenue. » Ainsi, l'observation comme point de départ, l'induction pour arriver au principe, la déduction pour le développer,
et l'observation encore pour le vérifier, voilà la méthode. Les
anciens économistes, notamment ceux de l'École anglaise, ne s'é-
taient trompés qu'en deux points, une observation incomplète de
la vie économique au début, et l'omission du contrôle à la fin. Et,
par exemple, leur observation que l'égoïsme est le mobile des
actions humaines était exacte, mais ils avaient tort d'en conclure
qu'il fût le seul. Et, comme ils omettaient de vérifier par l'observation de la réalité, ils s'exposaient à en recevoir de perpétuels
démentis. C'est à nous, instruits par leur expérience, à profiter de
leurs erreurs et à mieux appliquer une méthode qui, essentiellement, n'est point vicieuse. On peut donc considérer comme d'une
certitude relative très satisfaisante, — aussi satisfaisante au moins
que la plupart des vérités des sciences naturelles — les lois économiques suivantes, vérifiées par l'expérience, — loi des conditions
de l'efficacité de la division du travail, loi du rendement non pro-
portionnel (avec les réserves qu'elle comporte), loi de la rente, loi
de Thünen.

Et quand même l'exactitude d'un nombre plus ou moins considérable de lois économiques ne serait pas démontré, est-ce une
raison pour déclarer, comme le fait Schmoller, que les inspirations,
les croyances, les opinions de parti ont, en matière d'art social,

---

[1] Rev. d'Écon. Polit., 1889, p. 1.
[2] Der Arbeiterversicherungszwang. Berlin, 1881.

une valeur égale à celle des observations et des inductions scientifiques? et peut-on légitimement écrire que « la science ne doit et ne peut être impartiale et sans couleur[1]. » C'est assimiler l'empirisme grossier à l'art. Quand il serait vrai que « les principes de liberté, d'autorité, de justice, d'égalité, de liberté de conscience, de division et de combinaison de travail ne sont que des déductions d'articles de foi, » cependant il est indiscutable qu'une organisation économique donnée peut reposer sur l'un ou l'autre de ces principes, et que dans cette organisation économique, pour arriver à un résultat quelconque, il faut, scientifiquement, considérer ces principes comme un fait et non comme un article de foi ou une opinion de parti.

En politique sociale, Brentano repousse donc la théorie des hommes providentiels. Il pense que l'observation, l'induction scientifique ne peuvent abdiquer, et nous avons vu comment, en appliquant ce qu'il croit être une évolution naturelle des sociétés, il arrive à préconiser une solution presque automatique de la question ouvrière.

Ces opinions ont été fortifiées chez lui par l'étude de l'Angleterre, qu'il a connue de bonne heure; là, il s'est habitué à considérer que les ministres, comme les individus, doivent compter avec les forces naturelles. Il a vu que toutes les nations sont dans un entrelacement étroit, qui les rend dépendantes du marché du monde; il a appris à douter du mérite de la réglementation, et, sans vouloir nier le rôle de l'homme d'État, il a pensé que ce rôle devait surtout consister à observer les forces mêmes de la vie, à les seconder ou à les rétablir, en favorisant leur propre jeu, et enfin, à ne commander à la nature qu'en lui obéissant [2,3].

[1] Voyez notre étude sur Schmoller, p. 442 sv.

[2] *Des dernières causes de notre misère sociale*, Rev. d'Écon. Polit., 1889, p. 341.

[3] Voici la liste complète des œuvres de Brentano. Nous l'empruntons en partie au *Dictionnaire* de Conrad.

Ueber J. H. v. Thünen's naturgemässen Lohn und Zinsfuss im isolierten Staate, Thèse de doctorat, 1867. — Der Kongress der Trade'sUnions zu Manchester, Congrès du 3-6 juin 1869 (Zeitschr. des preuss. statist. Büreaus, 8, Jahrg., p. 239 et s.). — Das Industrial-Partnershipsystem, Augsb., 1868. — On the history and developpment of Gilds and the origin of Trade's-Unions (North British Review, octobre 1870). — Die Arbeiter-Gilden der Gegenwart, 2 vol., Leipzig, 1871-1872. — Die Lehre von den Lohnsteigerungen mit besonde-

III. *Halle.* — A Halle, nous trouvons le professeur *Conrad.* Conrad est très connu, et par la Revue qu'il dirige (*Jahrbücher für*

rer Rücksicht auf die englischen Wirtschaftslehre (Jahrb. f. Nat. 16ᵉ vol., p. 251 et s. — Die Gewerkvereine im Verhältnis zur Arbeits-Gesetzgebung (Preuss. Jahrb., 29ᵉ vol., p. 586 et s.). — Abstrakte und realitische Volkswirte (Zeitschr. der preuss. statist. Bureaus, 11 année, p. 338 et s.). — Wie Karl Marx Zitiert — « Wie Karl Marx sich verteidigt — et « Weiteres zur Charateristik von Karl Marx ». Quatre essais dans la « Concordia » des 7 mars, 4 et 11 juillet et 22 août 1872. — Zur Reform der deutschen Fabrikgesetzgebung (Jahrb. f. Nat. 15ᵉ vol., p. 108 et s.). — Ueber Einigungsämter, Leipzig, 1873. — Die « wissenschaftliche » Leistung des Herrn Ludwig Bamberg·r, Leipzig, 1873. — Die englische Chartistenbewegung (Preuss. Jahrh., 33ᵉ vol., p. 431). « Was vor allem not thut. » Concordia, 1 et 15 avril 1871, 17 avril 1873. — Die Konsolidierung der englischen Fabrikgesetze, Concordia des 27 mai, 3, 10 et 17 juin 1876. — Die Sicherung des Arbeitsvertrages, écrits du Ver,f.soz. Polit. VII. — Ueber Lehrlingswesen, *ibid.*, X, p. 49 et s. — Ueber das Verhältnis von Arbeitslohn und Arbeitszeit zur Arbeitsleistung. Leipzig, 1876. — Die Leistungen der Grubenarbeiter, bes. in Preussen, und die Lohnsteigerung vom 1872 (Jahrb. f. Ges. Verw. u Rechtspflege de v. Holtzendorf, IV, p. 393 et s.). — Die Lehre von den Lohnsteigerungen (Zeitschr. f. Staatsw. 32ᵉ vol., 1876, p. 102 et s.). — Das Arbeitsverhältniss gemäss dem heutigen Recht, Leipzig, 1877. — Die liberale Partei und die Arbeiter (Preuss. Jahrb. 40ᵉ vol., p. 112 et s.). — Die Arbeiterversicherung gemäss der heutigen Wirtschaftsordnung, Leipzig, 1879. — Die Gewerbefreiheit im Mittelalter (Zeitschr. f. Staatsw. de Tübingue, 33ᵉ vol. 1877, p. 267 et s.). — Die Arbeiter und die Produktionskrisen (Jahrb. f. Ges. u. Verw. 2ᵉ vol. 1870, p. 565 et s.). — Der Arbeiterversicherungszwang, seine Voraussetzungen und seine Folgen. Berlin, 1881. — Die christlich-soziale Bewegung in England. Leipzig, 1883. — Die gewerbliche Arbeiterfrage, dans le Dict. de Schönberg 1. Edit. p. 905 et s. (La question ouvrière, traduit de l'allemand par Léon Caubert. Paris, 1885). — Geschichte und Wirken eines deutschen Gewerkvereins (im Jahrb. f. Ges. u Verw. vol. 6ᵉ, p. 593 et s.). — Ueber eine zukünftige Handelspolitik des deutschen Reichs (*ibid.*, t. 9, p. 1 et s.). — Ueber einen deutsch-österreichischen Zollverein : discours au congrès international d'économie à Pesth, 1886. — Ueber Fabrikfeudalität und Fabrikantenadel (Trois essais dans la National-Zeitung, 1887). — Die Klassische Nationalökonomie, Leipzig, 1888. — Ueber Kartelle, dans les « Communications de la société des économistes autrichiens, » 1ʳᵉ année. — Die beabsichtigte Alters-und Invalidenversicherung f. Arbeiter und ihre Bedeutung (Jahrb. f. Nat. vol. 16ᵉ, 1888, p. 1 et s.). — Ueber die Ursachen der heutigen sozialen Not. Leipzig, 1889. — Ueber internationale Fabrikgesetzgebung (dans le Deutsches Wochenblatt), nᵒˢ 20, 27, 11, 1890). — La réglementation internationale de l'industrie (*Revue d'Economie politique*, mars-avril 1890). — Die Stellung der Gebildeten zur sozialen Frage. Leipzig, 1890. — Die neue Gewerkvereinsbewegung, dans le « Zum sozialen Frieden » de v. Schulze Gävernitz, t. 2, Leipzig, 1890. — Der Gewerkvereins-Congress zu Liverpool (Deutsches

Nationalökonomie und Statistik) et par le grand succès de son
Dictionnaire d'Économie Politique. Cette œuvre, encore en cours
de publication, mais dont les trois volumes parus permettent d'apprécier la valeur, est véritablement impartiale, complète, et fait
grand honneur au savant qui l'a dirigée. Nul n'était mieux désigné
pour une œuvre éclectique comme celle-là. Un dictionnaire, en
effet, ne doit pas être inféodé à une école, sans cela, comme dit
spirituellement Ch. Gide, il vaudrait mieux l'appeler un catéchisme[1].
Conrad est le trait d'union entre toutes les écoles. Ancien manches-
térien, il est plein de respect pour l'orthodoxie anglaise, et réclame
le libre-échange. Optimiste, il est membre correspondant de l'Institut de France, et croit à une solution naturelle de la question
sociale. Enfin, très bienveillant pour l'École autrichienne, à laquelle, dans son dictionnaire, il a fait une large part, il pratique
personnellement la méthode descriptive et réaliste. En un mot, il
croit que, dans toutes les doctrines, il y a une âme de vérité, et
s'applique à la dégager.

Cet éclectisme n'est point de l'indifférence. Il sait, à l'occasion,
attaquer ce qu'il considère comme des abus. Le *Journal des Économistes* lui a su gré de la vigoureuse sortie qu'il fit, en septembre
1888, au congrès du *Verein für Sozial-Politik* (dont il fut, du reste,
un des membres fondateurs), contre la tendance de l'École réaliste
à se perdre dans le détail et l'exception[2]. Mais, même dans cette
critique, Conrad pratiquait encore la méthode positive, car il ne la
formulait qu'après une longue et minutieuse enquête statistique
sur le sujet qu'il traitait (les prix de gros et de détail).

Il est déjà assez intéressant de noter, en Allemagne, où les dis-

---

Wochenblatt). — Ueber Arbeitseinstellungen und Fortbildung des Arbeitsver-
trags (Écrits du Verein, 45° vol. Leipzig, 1890). — Meine Polemik mit Karl
Marx. Berlin, 1890. — Une nouvelle phase de l'organisation des ouvriers en
Angleterre (*Rev. d'Écon. Polit.*, 1890, p. 402). — La question des huit heures
en Angleterre (*ibid.*, 1891, p. 981). — Origine et abolition des droits sur les
céréales en Angleterre (*ibid.*, 1892). — Ueber die Fortbildung des Arbeitsvertrages, dans les « Deutsche Worte, » Vienne, 2 février 1892. — En outre,
Brentano a dirigé avec F. v. Holtzendorff le « Jahrbuch für Gesetzgebung, Verwaltung und Volkswirthschaft, » plus tard avec O. F. Knapp, une série de
« Dissertations du séminaire d'économie politique » de Strasbourg.

[1] *Revue d'Écon. politique* de 1891, p. 313, à propos du *Dict. d'écon. politique*
de Léon Say et Chailley.

[2] Block, *op. cit.*, p. 7.

cussions scientifiques prennent tout de suite un caractère personnel, un savant libéral, tolérant, et, croyons-nous, respecté de tous
les partis. Mais cet intérêt s'accroît singulièrement lorsqu'on sait
quelle influence cette sympathique personnalité exerce sur le mouvement scientifique d'un des pays où fleurit le plus notre science.
Nous avons eu le plaisir de rencontrer chez M. Conrad deux jeunes
professeurs américains, M. Roland Falkner, professeur à l'Université de Philadelphie, éditeur associé des *Annals of the American
Academy*, et M. Richard Ely, professeur à l'Université de Balti-
more. Tous deux avaient été élèves de Conrad, s'étaient exercés à
son séminaire, inspirés de son esprit. Ils profitaient de quelques
jours de congé pour traverser l'Atlantique et venir saluer leur
ancien maître. Nous avons constaté qu'ils appliquaient dans leur
pays la tolérance qu'on leur avait apprise[1]. Cette tolérance, cet
éclectisme paraissent convenir au génie américain, car si l'on ne
trouve plus aux États-Unis beaucoup d'orthodoxes intransigeants,
on n'y rencontre pas davantage des historiens purs.

La spécialité de Conrad est la question agraire moderne et la
statistique agraire. Grand propriétaire autrefois, il s'occupe d'un
sujet qu'il connaît particulièrement, ce qui donne à son opinion
une autorité incontestée. Nous parlons ailleurs de son cours et de
son séminaire. Disons en terminant qu'il est le seul économiste qui
ait l'honneur de siéger dans la commission chargée de rédiger le
projet de Code civil allemand[2].

IV. *Göttingue.* — La petite ville de Göttingue a peu changé depuis
Henri Heine. C'est toujours la ville universitaire par excellence,
peuplée de professeurs et d'étudiants, plus un certain nombre
d'habitants, Philistins et Bétail, affectés à leur service; les professeurs vivent toujours dans de jolies maisons, entourées de jolis
jardins, et, dans la tranquillité des champs, dans un climat salubre,

---

[1] Voir notre compte-rendu sur l'*État de l'économie politique aux États-Unis*,
Revue d'Écon. politique de 1889, p. 666.

[2] OEuvres de Conrad :
Agrarstatistische Untersuchungen, sept Essais parus dans les Jahrbücher.
Die Findelhäuser.
Die Getreidezolle in Deutschland, v. 1879-83, n. 91.
Die sächsische Einkommensteuer, v. 1878.
Die Branntweinsteuer in Deutschland.
Die Ernährung Berlins vor 100 Iahren und jetzt, ainsi que divers articles
parus dans son Dictionnaire.

arrivent doucement à une verte et solide vieillesse. Aujourd'hui, toutefois, ils ne font plus la garde contre l'invasion des idées nouvelles; ils n'ont plus peur du mouvement moderne, encore qu'ils en soient à l'écart; et quand le grand jurisconsulte Ihering descend dans son jardin, c'est pour se délasser de ses théories sur l'Esprit du droit romain, et non pour y cueillir des citations.

L'Université de Göttingue compte quatre professeurs d'Économie politique, dont deux seulement sont en activité : G. Cohn et Lexis.

Cohn. — G. Cohn se signale par sa haine de l'École manchestérienne. Il en surveille avec bonheur le déclin, applaudit à ses ennemis, raille et bafoue tout système qui paraît s'y rattacher ou s'en inspirer; on dirait une querelle personnelle[1].

L'affirmation fondamentale de l'Économie politique ancienne, à savoir l'existence de lois naturelles qui gouvernent les sociétés, trouve en lui un contradicteur acharné. Il ne se contente pas de répondre que les prétendues lois trouvées par l'École orthodoxe sont incomplètes par suite d'une observation superficielle et de l'abus de la méthode déductive; il nie l'existence même des lois naturelles. Son argument est que les actes de l'homme étant tous soumis à l'éthique, c'est-à-dire à l'ensemble de ses jugements (la raison agissante), la science ne peut, d'une part, isoler aucun de ces mobiles d'action, puisque tous concourent aux actes humains; qu'elle ne peut, d'autre part, tracer la marche de ces actes, puisque la raison, qui les dirige, est éminemment progressive. Toute institution, toute acquisition sociale a été un but : on ne peut donc pas la considérer comme un principe : par suite, quand on étudie le développement de ces institutions dans le passé, on n'étudie pas un *processus* mécanique, un enchaînement fatal de phénomènes, mais on juge seulement les moyens que les hommes ont employés pour arriver à cette institution. Il n'y a pas là une science, il y a une critique d'art. De même, dans les institutions et les conflits du présent, nous n'avons pas à chercher la marque de lois fatales, mais seulement les éléments d'une solution, d'une organisation plus ou moins consciemment désirées[2].

[1] Cpr. notre *Étude sur l'état actuel de l'économie politique en Angleterre*, d'après G. Cohn, *Revue d'Écon. Polit.*, t. IV, p. 430.
[2] G. Cohn, *System der National-Oekonomie*, t. I, notamment § 51 et Conclusion, p. 646.

Assurément, une pareille opinion est considérable. Elle demanderait à être plus justifiée. La poursuite de ces buts de l'économie n'est-elle pas elle-même déterminée? Le progrès n'a-t-il pas sa loi? C'est faire trop bon marché de l'œuvre de Spencer que de ne pas même discuter la grandiose synthèse de ses « Premiers Principes. »

Cohn nous paraît s'être laissé griser par l'éthique. Aimez-vous la morale, il en a mis partout. Le domaine de l'art est plus étroit qu'il ne le pense, les réactions fatales de l'extérieur et de la nature sur la volonté plus nombreuses : elles peuvent légitimement faire l'objet d'une science. Le but actuel de l'économiste devrait être de délimiter, dans l'Économie, le champ du nécessaire et du contingent, et de nous dire enfin où finit la physiologie, où commencent l'hygiène, la thérapeutique et la chirurgie sociales.

Assurément, les idées de Cohn ont des partisans. Nous avons cependant essayé de démontrer que nombre de chefs autorisés de l'École allemande sont beaucoup plus réservés. Ils croient à des lois, à des types sociaux : par conséquent, ils croient à la science. Que, dans la politique sociale, ils fassent une large place à l'éthique, nous l'avons reconnu et expliqué, mais nous répétons que, vu l'état rudimentaire de la science, une pareille diversité dans l'art est très naturelle, et qu'il n'y a aucune relation nécessaire entre l'épithète d'historique-réaliste qui caractérise la tendance scientifique de l'école et celle d'éthique qui désigne sa tendance politique. C'est ainsi qu'en Angleterre, Spencer et Huxley, partant des mêmes études scientifiques, aboutissent en art, l'un à l'individualisme, l'autre à la centralisation. De même, en Allemagne, nous avons vu Brentano attendre d'une loi naturelle la solution de la question sociale, que d'autres plus impatients veulent confier à l'État.

Comme son collègue de Halle, Cohn a des relations nombreuses avec les États-Unis, où il compte des disciples. Sa spécialité est la question des transports, particulièrement des chemins de fer, et celle des banques, dont il a l'expérience personnelle[1].

[1] Ouvrages de Cohn (Extrait du *Dictionnaire* de Conrad).
Ueber die Bedeutung der Nationalökonomie und ihre Stellung in Kreise der Wissenschaften. Leçon d'ouverture à Heidelberg, 1869. — Untersuchungen über die englische Eisenbahnpolitik. Leipzig. 1874-75 (1er prix de l'association des administrateurs des chemins de fer allemands) — Die Finanzlage der

Lexis. — Lexis, à la différence des autres professeurs allemands, a pour caractéristique d'être universel. Il n'est pas de
spécialité dont les maîtres ne le reconnaissent pour leur égal. Il
connaît toutes les langues, toutes les littératures, a écrit sur tous
les sujets. Avant d'enseigner les sciences d'État, il était professeur
de sciences naturelles.

Il serait bien étonnant qu'à une telle étendue de savoir corres-
pondît un exclusivisme de système. Les gens qui ont lu beaucoup

Schweiz. Zürich, 1877. — Volkswirthschaftliche Aufsätze. Stuttgart, 1882. —
Die englische Eisenbahnpolitik der letzten 10 Jahren. Leipzig, 1883. — System
der Nationalökonomie. 2 vol. (1er vol. Écon. Polit., 2e vol. Science des finances.
Stuttgart, 1885 et 1889).

Puis, de nombreux articles de Revue :

Jahrbücher f. Nat., etc. : Zeitgeschäfte und Differenzgeschäfte, 1866. — *Idem*
(Nachwort), 1867. — Ein weiterer Beitrag zur Statistik der Spekulation,
1871. — Ueber parlamentarische Untersuchungen in England, 1875. — Der
Staat und die Eisenbahnen, 1879. — Die Bundesgesetzgebung der Schweiz
unter der neuen Verfassung (Suppl.). 1879. — Die Einkommensteuersystem
im Kanton Zürich, 1880. — Ueber internationale Fabrikgesetzgebung, 1881.
— Die gesetzliche Regelung der Arbeitszeit im Deutschen Reiche, 1883. —
Ein Wort zur Börsensteuer, 1885. — Zur Finanzstatistik der engl. Univer-
sitäten, 1890. — Die internationale Konferenz zur Besprechung der Arbeiterschutzgesetzgebung, 1890. — Die preussiche Steuerreform, 1851.

Zeitschrift des Kgl. preuss. stat. Bureaus : Statistische Untersuchung über
die Wirksamkeit der Spekulation im Berliner Roggenhandel, 1868.

Historische Zeitschrift : Colbert und Mazarin, 1869. Ludwig XIV als Bes-
chützer der Gelehrten, 1869.

Zeitschr. f. d. ges. Staatw. : Ueber Wesen und Wirkung der Kreditges-
chäfte, 1868. — Boisguillebert, (Contribution a l'histoire de l'économie politique,)
1869. — Colbert, (surtout au point de vue économique,) 1869, 1870. — Die aus-
wärtigen Anleihen aus der Londoner Börse, 1876. — Die wirthschaftliche Freiheit
und die ältere englische Gesetzgebung, 1871. — Die Militärsteuer, deux articles,
1879. — Ehre und Last in der Volkswirthschaft, 1881. — Gemeinbedürfniss
und Gemeinwirthschaft, 1881. — Art. 31 der schweizerischen Bundesverfassung,
betreffend die Freiheit des Handels und der Gewerbe, 1883-1884. — Ueber
Vorbildung zum höheren Verwaltungsdienste in den deutschen Staaten, 1887.

Jahrb f. Verw. de Schmoller : Arbeit und Armut, 1881. — Ideen und That-
sachen in Genossenschaftswesen, 1883. — Erörterungen über die finanzielle
Behandlung der Verkehrsanstalten, 1886. — Die heutige Nationalökonomie in
England und Amerika, 1885.

Finanzarchiv : Die Steuereform im Kanton Zürich und der Bundeshaushalt
der Schweiz, 1884.

Zürischer Eisenbahn : Ueber eine akademische Vorbildung zum höheren
Eisenbahnverwaltungsdienste, 1876.

ne consentent point à se faire les hommes *unius libri*. Aussi, comme
Conrad, Lexis est-il très tolérant. Il a, en qualité de co-directeur,
une grande part dans la surveillance et la rédaction du *Dictionnaire d'Economie Politique*, plus connu sous le nom de dictionnaire de Conrad. Peut-être nous permettrions-nous d'insinuer que
cette vaste tolérance cache un peu de scepticisme. Il est assez difficile d'éviter cet écueil lorsqu'on connaît également bien le pour
et le contre de toutes les questions[1].

Neues Reich : Die Eisenbahngesellschaft und der englische Staat, 1874. —
Ueber Handels-Akademien, 1870.

Deutsche Zeit und Streitfragen : Streitfragen der Eisenbahnpolitik, 1874. —
Ueber die Verteuerung des Lebensunterhaltes in der Gegenwart : was ist Sozialismus? 1878.

Sammlung gemeinverständlicher Vorträge : Die Börse und die Spekulation,
1868, 2 édit., 1874.

Fortnightly Review (London) : On the history and present state of political
economy in Germany, 1873.

Ecrits du Ver. f. Soz. Pol. : Ueber die Untersuchung von Thatsachen auf sozia-
lem Gebiet 1877, Internationale Fabrikgesetzgebung. Rapport, 1882. — Ueber
die akademische Vorbildung zum höheren Verwaltungsdienste in Preussen, 1887.

Preussische Jahrbücher : Der sogennante Normalarbeitstag, 1884-1885. —
Ueber internationale Arbeiterschutzgesetzgebung, 1890.

Unsere Zeit : Karl Heinrich Rau, 1870.

Archiv für Eisenbahnwesen : Die englische Eisenbahnpolitik der letzen 10
Jahren, 1883-1884, 4 essais. — Ueber das staatswissenschaftliche Studium im
Hinblicke auf die Staatseisenbahnverwaltung, 1885. — Die englische Eisenbahnpolitik in Ostindien, 1886. — Die Arbeitszeit der englischen Eisenbahn-
bediensteten, 1892.

Political Science Quarterly (New-York) : Income and Property Taxes in
Switzerland, 1889.

Deutsche Rundschau : Politik und Staatswissenschaft (Leçon d'ouverture,
Göttingen), 1885. — Lord Shaftesbury, 1888. — Georg Hanssen, 1889. — Die
Beamten-Konsumvereine in England, 1890.

Baltische Monatschrift : Die Frauenbewegung in Deutschland, 1870.

Allgemeine Zeitung, Karl Marx, 1875 : Schweizerische Steuerpolitik, 1878.
— Lassalle und das eherne Lohngesetz, 1878. — Die preussische Staatsei-
senbahnpolitik, nov. 1879. — Die Fremdenindustrie der Schweiz, oct. 1881.
[1] OEuvres de Lexis :
Die französischen Ausfuhrprämien im Zusammenhang mit der Tarifges-
chichte und Handelsentwickelung Frankreichs seit der Restauration (Les primes
à l'exportation en France et leurs relations avec le tarif et le développement
du commerce français, depuis la Restauration). Bonn, 1870 (8°, 423 pages).
Einleitung in der Theorie der Bevölkerungsstatistik. Introduction à la théorie de la statistique démographique). Strassburg, 1875 (8°, 137 pages).

V. *Würzbourg.* — L'union intime du droit et de la science économique, à l'Université de Würzbourg, a réagi sur l'enseignement qui y est donné. Nous ne retrouvons plus ici les grandes
querelles théoriques, les débats sur la méthode, les recherches
désintéressées. Le professeur *Schanz* est un éclectique qui, pour
son compte, pratique la méthode réaliste, mais admet cependant
avec Menger la nécessité de la théorie. Son cours, ses ouvrages
ont un caractère marqué d'étude de la législation plutôt que des
principes. Travailleur infatigable, il dirige depuis 1884 un recueil
apprécié, le *Finanz-Archiv.* Nous ne pouvons naturellement que
renvoyer à ses travaux [1].

Gewerkvereine und Unternehmerverbände in Frankreich (Les syndicats des
ouvriers et des patrons en France), Leipzig, 1879 (8°, 280 pages).

Zur Theorie der Massenerscheinungen in der menschlichen Gesellschaft (Sur
la théorie des phénomènes collectifs observés dans la société humaine). Frei-
burg-B., 1877 (8°, 96 pages).

Erörterungen über die Währungsfrage (Considérations relatives à la question
de l'étalon monétaire). Leipzig, 1881 (8°, 86 pages).

Les monographies « Handel » (128 pages) et « Consumtion » (40 pages),
dans le *Handbuch der Politischen Œkonomie,* publié sous la direction de
M. Schönberg (3° édit., 1891).

Contribution par une trentaine d'articles plus ou moins étendus au Dictionnaire d'Économie Politique de Conrad.

Plusieurs mémoires dans divers recueils scientifiques (Conrad's Jahrbücher,
Schmollers Jahrbuch, Tübinger Zeitschrift für die gesammten Staatswissenschaften, Annales de démographie comparée, Archivio di statistica, etc.).

[1] Œuvres de G. Schanz :
Zur Geschichte der deutschen Gesellenverbände. Mit 85 bisher unveröffent-
lichten Dokumenten aus der Zeit des 14 bis 17. Jahrhunderts. Leipzig, Duncker u. Humblot, 1877. 295 Seiten. — Englische Handelspolitik gegen Ende
des Mittelalters mit besonderer Berücksichtigung des Zeitalters der beiden
ersten Tudors Heinrich VII u. Heinrich VIII. I. Bd. 684 S. II. B. 672 S.
Leipzig, Duncker u. Humblot, 1881. — Zur Geschichte der Kolonisation und
Industrie in Franken (1er volume des Bayerische Wirthschaft u. Verwaltungs-
studien). I. Abth. 428 S. II. Abth. 356 S. Erlangen, 1884. — Die Steuern der
Schweiz in ihrer Entwickelung seit Beginn des 19. Jahrhunderts. 5 Bände.
Stuttgart, Cotta, 1890. — Finanzarchiv, Zeitschrift für das gesamte Finanz-
wesen. — Im Königr. Bayern zu Recht bestehende Gesetze u. Verordnungen,
vornehml. zum Gebrauch bei Vorlesungen zusammengestellt. I. Bd. Land-
wirthsch. Forstwirtschaft. u. Fischerei. — Zur Geschichte der Gesellenwan-
derungen im Mittelalter. (Hildebrand's Jahrbücher), 1877. — Zur Frage der
Überwälzung indirecter Verbrauchssteuern auf Grund des bayr. Malzaufschlags,
Jahrb. für Gesetzgebung de Schmoller, 1882. — Die direkten Steuern Hessens

VI. *Tubingue*. — *Schönberg*. — Schönberg est aujourd'hui universellement connu. Il a eu l'idée d'un Traité d'Économie politique
dont les diverses parties seraient confiées à des spécialistes. Ce
traité, en trois volumes, actuellement à sa troisième édition, a obtenu un succès grand et mérité. C'est un recueil systématique de
monographies fort bien faites [1].

On aurait tort toutefois de le considérer, en France, comme une
œuvre de vulgarisation, et de s'en contenter pour le jugement à
porter sur l'Économie politique allemande. Les Allemands aiment
trop le particularisme pour y avoir renoncé dans la science; très
souvent donc les articles de ce manuel revêtent un caractère absolument personnel.

Schönberg y a traité les questions industrielles, où il a une
compétence reconnue, et aussi les questions fondamentales de
principes, les définitions premières, où son autorité est moindre.
A vrai dire, Schönberg est surtout un homme pratique. Il s'occupe
des questions du jour, il a été et est encore mêlé à la lutte sociale.
C'est la politique, l'art social qui le préoccupent; la notion, la méthode, le caractère de la science l'intéressent beaucoup moins. Il a
vu que l'activité de l'économiste était actuellement portée vers l'art
(nous avons dit ailleurs pourquoi) et il en a conclu que la science
n'existe pas; il a vu qu'on rejetait le système qui explique toutes
les Économies par un seul et même principe, et il en a conclu que
si l'Économie n'est pas soumise à une seule loi, elle n'est soumise qu'à la volonté des hommes. C'est aller un peu vite en
besogne.

Spencer lui paraît étranger : bien plus, il ne semble pas avoir
médité la définition géniale de Montesquieu, que les lois, en matière sociale comme dans les autres, sont les rapports nécessaires
qui dérivent de la nature des choses. C'est pourquoi, constatant le

---

und deren neueste Reform (Finanzarchiv, 1885.) — Die Reform der Einkommensteuer in Sachsen Weimar. (Finanzarchiv, 1885.) — Die Besteuerung der
Genossenschaften in den deutschen Staaten u. in Oesterreich. (Finanzarchiv,
1886.) — Der Preussische Staatshaushalt in den letzen 10 Jahren u. seine
Sanirung. (Finanzarchiv, 1887.) — Die Steuern in Herzogthum Anhalt; ihre
Entwicklung und neueste Reform. (Finanzarchiv, 1887.) — Existenzminimum
u. seine Steuerfreiheit;

Dans le « Handwörterbuch für Staatswissenschaften. » — Budget, —
Ertragssteuern; — Eswerbssteuern.

[1] *Handbuch der Politischen Oekonomie*, 3e édit., 1891.

changement dans les institutions, il ne se demande pas si ce changement lui-même n'est pas causé, si la variation n'a pas ses lois.
« Ces lois de l'Économie politique sont, en tant que « lois » des
« phénomènes réels (c'est-à-dire, d'après ce que vient d'expliquer
« l'auteur, en tant que régularités d'actes des grandes moyennes
« d'hommes), des « lois » de ce qui est et non de ce qui doit être.
« Leur connaissance conduit à une intelligence plus profonde de
« l'Économie sociale et constitue un auxiliaire essentiel, non seu-
« lement pour l'explication des phénomènes de la vie économique,
« mais encore pour la réalisation des buts pratiques de l'Écono-
« mie politique. » Si l'école historique devait se borner à cela,
nous n'hésitons pas à déclarer qu'elle nous ferait banqueroute, car
toute sa réforme consisterait à dire qu'avant de résoudre un problème, il est utile d'en connaître exactement la position. Assurément, cela est bon à dire, mais on est en droit d'attendre autre
chose d'une pareille méthode.

D'ailleurs Schönberg lui-même s'empresse d'indiquer par son
exemple dans quelle voie il faut marcher. Traitant des différents
stades de l'Économie d'après l'état de la production économique,
il fait la description usuelle des cinq types de peuple, chasseur,
pêcheur, pasteur, agricole, manufacturier et commercial, industriel. Puis renouvelant la même étude au point de vue de l'é-
change, il distingue trois phases, celle du troc en nature, celle
de l'argent, celle du crédit. Ce n'est assurément là qu'une ébauche,
mais c'est une ébauche tout à fait scientifique.

En politique sociale, il reproduit les idées courantes sur le rôle
de l'État comme agent du progrès et du droit. Dans la question
ouvrière, Schönberg, qui avait été un des amis et des légataires
de Lassalle, paraît aujourd'hui un modéré. Il admet comme mesures
de protection de la classe ouvrière à la fois le principe de coalition
des ouvriers et celui de l'intervention de l'État. Sans doute il a
un penchant assez prononcé pour ce dernier moyen, toutefois il
pense que la question ouvrière n'est pas une, mais se décompose
en une série d'autres questions (réglementation des heures de travail, travail des dimanches, assurance, etc.), qui toutes demandent
une étude spéciale et ne peuvent recevoir que la solution com-
mandée par les circonstances. Sous certains rapports, il est
même plus modéré que Brentano, il n'est pas aussi effrayé par
le spectre de la nouvelle féodalité industrielle. Mais peut-être,

après tout, n'y a-t-il là aucune variation. Ce n'est peut-être pas
lui qui est devenu moins socialiste, mais l'opinion publique qui
l'est devenue davantage[1].

Neumann. — Neumann se rattache à l'École historique éthique,
mais les questions de méthode lui paraissent résolues, il consacre
son activité à des travaux spéciaux. Il est renommé comme statisticien, comme financier, et par sa théorie générale du prix, considérée comme une des plus complètes que nous ayons[2].

[1] Œuvres de G. Schönberg :
Zur wirtschaftlichen Bedeutung des Zunftwesens im Mittelalter, 1868.
Die Landwirtschaft der Gegenwart und das Genossenschaftsprincip., 1869.
Die Volkswirtschaft der Gegenwart im Leben und in der Wissenschaft, 1869.
Arbeitsämter. Eine Aufgabe des deutschen Reichs, 1871. — Die Frauen-
frage, 1872. — Die Gewerkvereine, 1871. — Zur Litteratur der socialen
Frage, 1871. — Die Volkswirtschaftslehre, 1873. — Die deutsche Freihan-
delsschule und die Partei der Eisenacher Versamm lung vom October 1872,
1873. — Die sittlich- religiose Bedeutung der socialen Frage, 2 Aufl. 1876.
— Zur Handwerkerfrage, 1876. — Finanzverhältnisse der Stadt Basel im 14
und 15 Jahrhundert, 1879. — Basels Bevölkerungszahl im 15 Jahrhundert,
1883. — Die Socialpolitik des deutschen Reichs, 1886. — Die Vorschriften
im Grossherzogthum Baden über die Vorbereitung zum öffentlichen Dienst
in der Justiz und der innern Staats-Verwaltung, 1887.
Handbuch der Politischen Oekonomie. 1 Aufl. 1882. 2 Aufl. 1885-1886. 3
Aufl. 1890-1891.
Dans le *Handbuch der Politischen Oekonomie :* Die Volkswirtschaft. — Gewerbepolitik. — Die Gewerbliche Arbeiterfrage. — Persönliche Dienstleistungen.
Dans les *Supplementbänden, zu Meyers Conversationslexikon :* Fabrikgesetz-
gebung, 1881. — Die landwirtschaftliche Arbeiterfrage, 1881. — Haftpflicht
der Unternehmer, 1882. — Die industrielle Arbeiterfrage, 1882. — Gross
-und Kleinbetrieb im Gewerbe, 1883. — Der Socialismus (Geschichte), 1883.
— Der Kommunismus (Geschichte), 1883. — Die Lehrlingsfrage, 1883. — Die
Oesterreichische Gewerbeordnung von 1883-1884. — Die Arbeiterschutz, Kon-
ferenz in Berlin, 1891. — Die Arbeiterschutzgesetzgebung der Europäischen
Staaten in den letzten Jahren, 1891.
Dans le *Meyers Konversations Lexikon,* 4. Aufl. 1885-1890, 17 Bände : plusieurs
articles importants sur la Landwirshschaftspolitik, la Gewerbepolitik et la
Arbeiterfrage.
Dans le *Conrads* Handwörterbuch der Staatswissenschaften, vol. 1 1890.
Articles : Arbeit. — Arbeiter. — Arbeitsstatistische Büreaus. — Arbeitslohn.
[2] Œuvres de Neumann : Die Gestaltung der mittleren Lebensdauer in Preus-
sen, seit 1786 (Königsberg, 1861). — Die deutsche Fabrikgesetzgebung (Iena,
1873). — Die progressive Einkommensteuern im Staats- und Gemeindehaushal,
(Leipzig, 1874). — Ertragsteuern oder pesönliche Steuern. Frib., 1876. —
Beiträge zur Geschichte der Bevölkerung in Deutschland zur Reform der

VII. *Vienne.* — C'est à Vienne que nous trouvons le chef de
l'École autrichienne, *Carl Menger.* Carl Menger occupe à Vienne
un peu la même position que Schmoller à Berlin. Elle serait plus
haute encore sans la mort du prince Rodolphe, dont il a été le
maître et le compagnon de voyage.

Menger est un esprit généralisateur et un penseur original.
Bien différent, même d'aspect, des Allemands du Nord, il a gardé
le culte du génie classique romain. Il n'a pas, j'en suis sûr, un
atome de rancune contre ce pauvre Quintilius Varus, dont les étudiants allemands célèbrent encore la défaite dans les chants de leur
Kommers. Beaucoup plus que le jeune empire allemand, le vieil
empire autrichien a gardé la majesté de la pourpre impériale, les
traditions et les idées des Césars. Ce génie classique veut, en tout,
une belle ordonnance; il voit dans les choses, tout d'abord, le côté
par lequel elles peuvent être systématisées. C'est de cette nature
d'esprit, jointe peut-être à une certaine jalousie nationale, que
provient la rupture de Menger avec l'École allemande. La longue
préparation à laquelle celle-ci prétend astreindre la science lui
paraît une incubation chaotique d'où rien ne sortira. Il pense que,
dans cette science, comme dans une belle construction, il faut de
l'unité, de l'homogénéité.

Cette unité, il prétend la réaliser en creusant plus profondément
qu'on ne l'avait fait jusqu'ici la nature économique de l'homme,
et en déduisant les conséquences · logiques d'observations bien
prises sur des phénomènes primordiaux purs de tout alliage. Nous
avons suffisamment caractérisé cette méthode pour n'avoir pas
à y revenir dans l'ensemble, mais nous devons indiquer ici sur
quelles notions économiques elle a principalement porté. Pour
Menger, la notion fondamentale est celle de la valeur. Il est frappé
de ce fait que, dans leurs rapports économiques, les hommes sont
presque exclusivement déterminés par la considération de la valeur de leurs prestations réciproques; il pense, avec raison, qu'une
analyse bien faite de cette notion peut éclairer d'un jour lumi-
neux toutes les questions économiques. Aussi, reprenant la vieille

deutschen Fabriksgesetzgebung, Leipzig, 1874. — Unsere Kenntniss von den
sozialen Zuständen um uns, Iéna, 1872. -- Die Steuern und das öffentliche
Interesse, Leipzig, 1887. -- Volk und Nation, Leipzig, 1888. — Grundlegung
der Volkswirthschaftslehre, 1889.

distinction de la valeur d'usage et de la valeur d'échange, effroi
des premiers économistes, il tente successivement l'analyse de ces
deux concepts. Son étude de la valeur d'usage, ou valeur subjec-
tive, est très fine. Elle aboutit à cette conclusion que, lorsque
nous possédons plusieurs exemplaires d'un même bien, la valeur
de chaque exemplaire est mesurée par l'intensité du besoin le
moins intense qu'un quelconque de ces exemplaires pouvait satisfaire. Cette valeur est donc la plus minime utilité du bien, son
utilité limite (*Grenznutzen*). Cette définition avait été trouvée, bien
avant Menger, par un économiste allemand oublié, Gossen, et,
en même temps que Menger, par Jevons en Angleterre et Walras
en Suisse [1]. Mais ces circonstances fortuites, ignorées par Menger,
n'ôtent rien à son originalité. D'ailleurs, par ses travaux propres et
ceux de son École, il semble avoir plus particulièrement creusé
et s'être approprié la notion trouvée en commun.

Les principales applications qu'il en a faites sont, la démonstra-
tion que la valeur des instruments de production vient de la valeur
des produits et non celle-ci de leur coût de production; le ratta-
chement de la valeur d'usage à la valeur d'échange et l'explication
beaucoup plus serrée de la vieille loi de l'offre et de la demande;
la distinction des biens d'utilité immédiate, qu'il appelle biens du
premier rang, et des biens d'utilité médiate qu'il appelle biens de
rangs éloignés. Dans une certaine mesure aussi, on peut rattacher
à sa théorie de la valeur sa théorie du capital et de la monnaie [2].

Occupé des questions théoriques, Menger n'a pas pris dans la
question sociale une position en vue. Son opinion, toutefois, nous
a paru être actuellement assez favorable à la classe ouvrière et nullement hostile à l'intervention de l'État. Mais, pour lui, cette intervention ne doit être que temporaire; elle n'a pour but que de
donner à cette classe une force économique suffisante pour dé-

---

[1] Gossen, *Entwickelung der Gesetze des menschlichen Verkehrs*. Brunswick,
1854. Jevons, d'abord une *notice* en 1862, reprise et développée dans la *Theory
of political Economy*, London, 1871. Walras, *Éléments d'économie polit. pure
et Théorie de la richesse sociale*, Lausanne, 1874-1877. Carl Menger, *Grundsätze der Volkswirthschaftslehre*, 1871.

[2] Voir la *Revue d'Écon. Polit.* de 1888, p. 577 et s. et de 1842, p. 150 et s. :
J. Bonar, *The austrian Economists and their View of Value.* Quarterly journal
of Economics (octobre 1888). W. Smart, *Introduction of the theory of value,*
1891. Block, *op. cit.,* passim.

battre elle-même ses propres intérêts. Quant à la lutte engagée entre le socialisme et l'individualisme, il la croit aussi vieille que l'humanité et provenant de ce que les forts veulent être libres et les faibles protégés. L'État a précisément pour mission de prendre, suivant les circonstances, des mesures favorables ou contraires à la liberté, dans l'intérêt général de la société.

Menger écrit peu : il aime à mûrir ses idées. Il leur laisse opérer ce travail automatique de tassement, dont l'achèvement met brusquement, après un long repos, la main à la plume du penseur et le force à écrire comme sous la dictée. Aussi ne trouve-t-on pas chez lui les tâtonnements et les réserves de ceux qui se font penser en écrivant.

Comme la plupart de ses collègues, mais plus peut-être encore, à raison de sa qualité de chef d'École, C. Menger, très serviable pour ses amis, appartient au *genus irritabile vatum* et souffre difficilement la critique. Sa querelle avec Schmoller est célèbre. Atteint par quelques appréciations un peu dédaigneuses du représentant de l'École historique, il lui répondit vigoureusement par un volume sur les *Erreurs de l'historisme*. Mais n'insistons pas sur ces petites querelles. Comme le dit Böhm-Bawerk, il faut les oublier; elles ne font que retarder un éclectisme de méthode dont, à notre avis, l'avènement est inévitable [1].

v. Böhm-Bawerk. — Carl Menger a exercé sur l'enseignement de son pays une grande influence. Il a groupé autour de lui des jeunes gens de talent qui, devenus à leur tour professeurs, ont repris et développé pour leur compte les doctrines du maître. Le plus brillant est v. Böhm-Bawerk, jadis professeur à Innsbruck, aujourd'hui chef de division au ministère des Finances et professeur honoraire et directeur de séminaire à l'Université de Vienne.

Böhm-Bawerk est comme le Ricardo de la nouvelle École : j'en-

[1] Œuvres de C. Menger.
Grundsätze der Volkswirthschaftslehre, Vienne, 1871. — Untersuchungen über die Methode der Sozialwissenschaften. Leipzig, 1883. — Die Irrthümer des Historismus in der deutschen Nationalökonomie. Vienne, 1884. — Zur Theorie des Kapitals (*Jahrbücher* de Conrad, vol. 10). — Grundzüge einer Klassification der Wirthschaftswissenschaften (*ibid.*, vol. 19). — Geld, *Dictionnaire* de Conrad. — Die Valuta. — Regulirung in Oesterreich-Ungarn (*Jahrb.* de Conrad, 1892). — La monnaie mesure des valeurs (*Revue d'Économie Politique*, 1892, p. 154).

tends qu'il a formulé avec plus de vigueur, de bonheur et parfois
même d'exagération, les doctrines de Menger. C'est chez lui surtout qu'il faut lire la théorie de la valeur d'usage et de la valeur
d'échange, celle des biens complémentaires. Elle y a une clarté
incomparable [1]. Il en a tiré tous les corollaires dans sa théorie de
l'intérêt. Si l'École déductive n'avait pas existé, il est à croire que
Böhm-Bawerk l'aurait inventée, tant elle convient à son esprit,
tant il s'y meut à l'aise. Il n'abandonne jamais un principe, le
poursuit impitoyablement à travers toutes les circonstances de fait
qui peuvent le cacher et le force enfin à produire au grand jour
toutes ses conséquences. Aussi habile à pénétrer les systèmes des
autres qu'à développer le sien, il les dissèque dans une analyse
aiguë qui cherche l'âme et souvent trouve le néant. Un terme
revient fréquemment dans ses écrits, un terme qui le caractérise
lui-même, celui de « casuistique. » Casuiste, en effet, au meilleur
sens du mot, avec les finesses déliées des anciens docteurs de
Sorbonne, des pères Jésuites, il force le lecteur à une analyse
sévère des notions économiques réputées les plus simples et habitue l'esprit à une gymnastique intellectuelle, d'un profit inappréciable. Et cependant ce maître de l'analyse et de la déduction
a abouti à un résultat qui nous paraît singulièrement compromet-
tant pour son École. Dans deux forts volumes sur le capital et
l'intérêt, il a essayé de donner de la légitimité de l'intérêt une
explication basée sur la pierre angulaire de la nouvelle École, la
notion de valeur; et, tandis que ses critiques des autres systèmes
n'ont trouvé que des admirateurs, quand il a proposé sa solution,
il a été abandonné par tous et même par ses maîtres. Quoi qu'il en
soit, Böhm-Bawerk reste un esprit de premier ordre. Tout récem-
ment il vient, avec M. de Plener et le très remarquable statisticien
v. Jnama-Sternegg, de fonder la Revue économique autrichienne
(*Zeitschrift für Volkswirthschaft, Socialpolitik und Verwaltung*),
qu'il semble vouloir diriger vers les questions pratiques. Nous en
avons salué l'apparition avec plaisir, car on pouvait craindre un
moment que la haute administration ne le ravît à la science, qui
attend beaucoup de lui [2].

[1] Cpr. notre compte-rendu, *Rev. d'Écon. Polit.*, 1888, p. 119 et 219, et 1889,
p. 70.

[2] Œuvres de Böhm-Bawerk.

Rechte und Verhältnisse vom Standpunkte der volkswirtschaftlichen Gü-

A. de Miaskowski[1]. — Il semble qu'à Vienne, comme à Berlin, l'administration s'attache à ne pas abandonner à une seule École, la direction scientifique d'une grande Université. Nous trouvons la seconde chaire d'économie politique occupée par un représentant de l'école historique descriptive, M. de Miaskowski. Elle avait auparavant appartenu à Brentano. M. de Miaskowski est de ceux qui appliquent leur méthode plus qu'ils n'en parlent. Voué presque exclusivement aux études d'économie rurale, il appartient à ce petit groupe qui ambitionne la gloire modeste, mais solide du vénérable Hanssen[2].

VIII. *Prague.* — A Prague, nous trouvons un élève de Menger, M. de Wieser, et E. Sax.

E. Sax s'est rallié à l'École autrichienne mais son vrai titre scientifique est un grand ouvrage conçu dans l'esprit de la méthode réaliste, avec quelques teintes hégéliennes dues à Lorenz von Stein, le Traité des moyens de communication, *Die Verkehrsmittel* (Vienne, 1879, 2 vol.). Tous les partis s'accordent à y voir une véritable œuvre de maître. Les gages qu'il a donnés depuis

terlehre. Innsbruck, 1881. — Grundzüge der Theorie des wirlshschaftlichen Güterwerts (*Jahrbücher* de Conrad, vol. 13, 1880). — Une nouvelle Théorie sur le Capital (*Revue d'Écon. Polit.*, 1889). — Kapital und und Kapitalzins, 2 vol. Innsbruck, 1884 et 1889 (traduction anglaise de M. Smart. Capital and Interest, London, 1890). — Essais zur Litteraturgeschichte der Staats- und Sozialwissenschaften (*Jahrbücher* de Conrad, t. 20; Ein Zwischenwort zur Wertheoren (Même recueil, t. 21, p. 519 et s.). — Unsere Aufgaben (Préface de la Zeitschrift für Volkwirthschaft, Socialpolitik, und Verwaltung, 1892). — Wert, Rosten und Grenznutzen (*Jahrb.* de Conrad, 1892).

[1] M. de Miaskowski a quitté cette année l'Université de Vienne pour celle de Leipzig, où il a succédé à M. Brentano dans la chaire de Guillaume Roscher.

[2] OEuvres de Miaskowski. Die Gebundenheit des Grundbesitzes und das Familienfideikommis (Iena, 1873). — Isaak Iselin, ein Schweizer Physiucrat, Bâle, 1876. — Die Verfassung der Land- Alpen- und Forstwirthschaft der deutschen Schweiz, 1878. — Agrarpolitische Zeit- und Streitfragen, 1889. — Das Problem der Grundbesitzvertheilung in geschichtlichen Entwickelung (Leçon d'ouverture à Vienne), 1890. — Das Erbrecht und die Grundeigenthumsverhältnisse im Deutschen Reiche. — Problèmes agraires en Allemagne et en Angleterre (*Rev. d'Écon. Polit.*, 1890, p. 1). — Die schweizerische Allmend in ihrer geschichtlichen Entwickelung vom VIII Jahrhundert an, Leipzig, 1870. — Das Krasien- und Begräbnissvernkcherungswesen der Stadt Basel, Bâle, 1880. — Th. Grass, ein livländischer Nationalökonom (*Baltische Monatschrift*), Riga, 1880. — G. Hanssen (*Jahrbuch* de Schmoller, 1880). — Das Erbrecht und die Grund-

à l'autre École sont nombreux, mais moins appréciés. Il adopte la théorie de la valeur dont il fait une importante application à l'impôt progressif, et celle de la hiérarchie des biens; il critique l'historisme, propose une nouvelle division ou même une nouvelle conception de la science économique [1] et met partout une marque bien personnelle; malheureusement une certaine obscurité de rédaction a nui à la diffusion de ses idées [2].

Innsbruck. — M. Victor Mataja, professeur à l'Université d'Innsbruck, où il a succédé à Böhm-Bawerk, nous paraît être le trait d'union des deux Écoles. Élève brillant de Menger, dont il s'est inspiré dans son premier ouvrage sur « les Profits des Entrepreneurs, » il n'a pas tardé à dégager sa personnalité. Aujourd'hui, presque toutes ses études relèvent de la méthode réaliste, mais il a gardé son indépendance absolue. Esprit chercheur, moderne, il ne s'égare point aux minuties de la controverse, ni aux résurrections du passé; il n'attend pas qu'une institution soit morte pour s'en occuper. Les grands magasins, le droit d'indemnité, les

besitzvertheilung in Deutschland, 2 vol. Leipzig, 1882-84. — Über landwirtschaftliche Enquêten (*Jahrbuch* de Schmoller, 1885. — Das Problem der Grundbesitzvertheilung in historischer Beleuchtung, Leipzig, 1889. — Divers articles dans le Dictionnaire de Conrad. — Les origines de l'Économie Politique (*Revue d'Écon. Politique*, année 1892.)

[1] Voy. *Revue d'Écon. Politique*, année 1887, *Les essais de remaniement et de reconstruction de la science économique*, par A. Jourdan, et année 1889, *Analyse des « Neueste Fortschritte der nationalökonomischen Theorie, »* par E. Schwiedland.

[2] Œuvres de E. Sax : — Die Wohnungszustände der arbeitenden Classen und ihre Reform, 1869. — Der Neubau Wiens im Zusammenhange mit der Donauregulirung, 1865. — Ueber Lagerhäuser und Lagerscheine mit Rücksicht auf deren Einführung in Oesterreich, 1870. — Die Oekonomik der Eisenbahnen, 1871. — Ueber die Berücksichtigung des Güterwerthes bei der Tarifirung der Eisenbahnen, 1874. — Die Verkehrsmittel in Volks- u. Staatswirthschaft, 2 Bände. 1. Bd. Allgemeiner Theil, Land u. Wasserstrassen-Post und Telegraph. 2 Bd. Die Eisenbahnen. — Das Wesen und die Aufgaben der National Oekonomie. Ein Beitrag zu der Grundproblemen dieser Wissenschaft, 1884. — Die œst. Gewerbeordnung vom 1. 1883 in Schmoller's Jahrbuch, 1884. — Grundlegung der theoretischen Staatswirthschaft, 1887. — Die neuesten Fortschritte der national-ökonomischen Theorie, 1889. — Die Progressivsteuer (Zeitschrift für Volkwirthschaft Socialpolitik u Verwaltung), 1892. — Transport u. communicationswesen. Remaniement de cette étude dans les 3 édit. déjà parues du Handbuch der politischen Oekonomie de Schönberg.

questions ouvrières, un ouvrage en préparation sur la législation
sociale de la France : voilà l'objet de son attention. Il voit vite
et juste. Son penchant semble le porter vers la France, qui le lui
a bien rendu, car il est collaborateur de plusieurs de nos revues,
et correspondant de la société d'Économie politique de Paris. Il
a pris de l'esprit français et de la discipline de Menger le goût
de la clarté et l'habitude de la généralisation ; et, quoique la plupart
de ses travaux soient des monographies, il met toujours en relief
le côté par lequel elles rentrent dans un système et se prêtent à
la généralisation. M. Mataja est jeune encore. Nous osons lui pré-
dire un bel avenir, car il réunit les qualités distinctes des deux
grandes Écoles, qui, actuellement, tiennent la tête du mouvement
scientifique[1].

[1] OEuvres de V. Mataja.
Der Unternehmergewinn, Wien, 1884. — Der Kampf gegen die Strafhausar-
beit (*Deutsche Worte*), Vienne, 1886. — Studien zur französischen Arbeiterschutzgesetzgebung, *ibid.*, 1887. — Das Schuhmachergewerbe, *ibid.*, 1889.
— Das Recht des Schadenersatzes vom Standpunkte der Nationalökonomie,
Leipzig, 1888. — Das Recht des Schadenersatzes im Entwurfe eines bürger-
lichen Gesetzbuches für das Deutsche Reich (*Archiv für bürgerliches Recht*),
1889. — Grossmagazine und Kleinhandel, Leipzig, 1891. — Inspection du
travail en France (*Revue d'Écon. Polit.*, 1891, p. 1). — Ratenhandel und
Abzahlungsgeschäfte, im Archiv für soziale Gesetzgebung und Statistik, 1888.
— Die oesterreichische Gewerbeinspection, Jahrbücher für National ökonomie
und Statistik, 1889. — Arbeiterschutzgesetzgebung, in Frankreich, Belgien,
Italien, et la monographie Handel (Dictionnaire de Conrad). — Les grands
magasins et le petit commerce, *Rev. d'Écon. Polit.*, 1891, p. 457. — Les projets de loi italien et français sur les tribunaux d'arbitrage et de conciliation
(même *Revue*, 1892, p. 250). — Die Regelung der Valuta in Österreich- Un-
garn, Innsbruck, 1892.

DEUXIÈME PARTIE.

Organisation de l'enseignement de l'Économie Politique dans les Universités d'Allemagne et d'Autriche.

Lorsque, en 1877, l'Économie Politique prenait place modestement dans l'enseignement de nos Facultés de Droit, on était loin de se douter du bouleversement qu'allait y causer cette nouvelle venue. Tolérée d'abord, accueillie avec réserve ou avec une pointe d'ironie, elle semblait si vague, si fuyante en comparaison du système sévère du droit pur! C'était comme un jouet près de la grande machine d'acier dont les montants solides avaient été pris à la déclaration des droits de l'homme et les engrenages délicats mais serrés aux Codes de Justinien et de Napoléon. Et pourtant, une âme nouvelle entrait dans la machine. Elle n'était plus aussi rigide, mais devenait vivante. Le texte s'assouplissait; on y lisait non plus seulement l'ordre donné au juge par le législateur, mais encore celui donné au législateur par les mœurs, les besoins, les passions, l'histoire.

L'enseignement du droit romain devenait historique, celui du droit civil moins exégétique, les droits *intextués* (Droit international public et privé) prenaient place à l'examen. Aujourd'hui le droit d'État apparaît en germe dans le cours d'organisation des pouvoirs publics. La philosophie du droit a montré tout au moins son nom, mais subit en ce moment une éclipse. En même temps, l'Économie Politique se renforce de la Science Financière, du Droit industriel, de la Statistique, et réclame d'autres accroissements.

Les Facultés de Droit profondément troublées sentent en elles s'opérer une importante transformation au profit des sciences historiques et sociales. La réforme des programmes du concours d'agrégation du Droit en est un symptôme non équivoque.

Le moment était donc opportun pour étudier l'organisation de l'enseignement économique dans un pays où il fleurit depuis un siècle, l'Allemagne. Nous transcrivons les observations que nous avons été amené à faire au cours de notre mission dans ce pays, ce qui, on se le rappelle, est l'objet de notre deuxième Partie. Dans la troisième nous dirons les réflexions que nous suggère pour la France la connaissance du système allemand.

Quelque particularisme qui subsiste encore en pays allemand, quelqu'autonomie qu'y gardent les Universités, on peut cependant relever un ensemble de traits communs. Cette remarque nous fournira notre plan. Nous diviserons notre étude en deux chapitres : l'un, où nous exposerons les observations générales ; l'autre, où nous traiterons des particularités propres aux divers pays.

CHAPITRE I.

Observations générales.

Nous pouvons grouper ces observations autour de quatre points principaux :

1° De la place accordée, dans l'enseignement des Universités, aux sciences économiques et aux sciences auxiliaires.

2° Du personnel enseignant.

3° Du cours.

4° Du séminaire.

SECTION I.

Place accordée, dans l'enseignement des Universités, aux sciences économiques et aux sciences auxiliaires. — Dans une bonne classification des enseignements, c'est-à-dire, à notre avis, dans une classification basée sur leur objet, l'Économie Politique devrait faire partie d'une Faculté qu'on appellerait Faculté des Sciences sociales. Dans cette Faculté seraient enseignées toutes les sciences qui étudient l'enchaînement des phénomènes sociaux, et les arts greffés sur ces sciences.

Elle comprendrait donc : 1° la science et l'art des phénomènes de cohésion et d'organisation sociale ou *phénomènes juridiques;* droit public national, droit public comparé, histoire du droit public comparé, droit international et son histoire, droit privé national, droit privé comparé (législation comparée), histoire du droit privé et histoire du droit privé comparé ;

2° La science et l'art des *phénomènes* de richesse ou *économiques;* économie politique nationale et comparée, au point de vue historique, sciences des finances, etc. ; 3° la science des *phénomènes moraux;* science de la morale, des religions, etc.

Enfin une science plus générale, la Sociologie, pourrait combiner en une discipline unique les enchaînements de ces divers phénomènes les uns avec les autres [1].

Naturellement, nulle part dans les Universités actuelles, ni en France ni ailleurs, nous ne trouvons une pareille organisation. Les Universités aussi sont des produits historiques; elles ont été créées sous l'empire des besoins et à raison des connaissances de leur époque. Seules, des créations toutes contemporaines pourraient appliquer ces idées [2].

En Allemagne, les Universités distribuent certains enseignements, et notamment l'Économie Politique, de la façon la plus variée, parfois la plus étrange. Ici, l'Économie Politique est enseignée dans la Faculté de Philosophie, qui sert de déversoir commun à des sciences bien diverses, philosophie, mathématiques, sciences physiques et naturelles, etc. Là, elle est étudiée dans une Faculté consacrée à l'enseignement de l'économie de l'État (*Staatswirtschaftliche Facultät*), qui, continuant les traditions des Caméralistes, traite de tout ce qui touche au patrimoine du prince, population, domaine, etc. Ailleurs, elle est combinée avec le droit, dans une Faculté dite des Sciences juridiques et d'État (*Rechts-und Staatswissenschaftliche Facultät*). Enfin, nous la trouvons aussi dominant une Faculté spéciale des Sciences d'État (*Staatswissenschaftliche Facultät*).

Ce qu'il importe de remarquer toutefois, c'est que, malgré cette diversité apparente, partout, même dans les Facultés hétéroclites comme celle de Philosophie, l'Économie Politique a réussi à former avec les sciences dérivées et connexes un petit groupe distinct, sous le nom de Sciences d'État (*novo sensu*); puis, que dans les habitudes scientifiques, ce petit groupe tend, malgré les obstacles des compartiments officiels, à s'unir aux Sciences d'État (*vetere sensu*); enfin que, à raison des nécessités logiques et pratiques, ce nouveau groupe entre, tous les jours, en union plus intime avec celui des sciences juridiques, même quand les deux groupes appartiennent à des Facultés différentes. Quelques détails sont nécessaires :

a) Groupement des Sciences économiques ou Sciences d'État

[1] Cpr. notre Étude : *Droit et Sociologie* (*Revue critique de législation et de jurisprudence*, janvier 1888, p. 50 et suiv.).

[2] Consulter, Wolf, *Eine eidgenössische Hochschule für Staats-und Rechtswissenschaft* (*Revue d'Écon. Pol.*, 1er octobre 1891, p. 808).

(*novo sensu*). — Si nous prenons le grand dictionnaire allemand d'Économie Politique de Conrad, nous voyons qu'il porte pour titre : *Handwörterbuch der Staatswissenschaften*. La Direction nous apprend qu'elle n'a point voulu, par là, faire œuvre de classification personnelle, mais reproduire une qualification devenue usuelle, que consacre d'ailleurs la dénomination officielle donnée aux chaires d'Économie Politique dans les actes les plus récents. Pour elle, les Sciences d'État, dans ce nouveau sens, sont : la science théorique et pratique de l'économie du peuple et des États, la science et la politique sociales envisagées au point de vue économique[1] : le droit administratif n'y est compris que comme fondement juridique de l'organisation économique et sociale ; la statistique y figure, non point comme une science propre, mais comme une science méthodique auxiliaire.

Nous retrouvons ce groupement partout : ainsi, à la Faculté de Philosophie de Berlin, ces sciences rentrent ensemble dans le groupe 4 ; à celle de Leipzig, dans le groupe E[2] ; à plus forte raison, bien entendu, en est-il de même là où il y a des Facultés spéciales de Sciences d'État (Tübingen). Aussi, en Allemagne, l'Économie Politique n'est-elle jamais enseignée seule ; on enseigne les Sciences d'État. La division la plus fréquente est en : Économie Politique théorique (*Volkswirtschaftslehre* ou *National-Oekonomie*), Économie Politique pratique (*Volwirthschaftspolitik* ou *Volkswirtschaftspflege*), Science des finances (*Finanzwissenschaft, die lehre vom Staatshaushalt*)[3]. Presque toujours, à ces enseignements sont adjoints l'enseignement et la pratique de la statistique, laquelle est divisée en trois branches : statistique de la population, statistique des faits sociaux (*Moral-Statistik*), et statistique économique proprement dite. Les professeurs, étant professeurs de *Staatswissenschaften,* ne sont point cantonnés dans une de ces spécialités mais peuvent les enseigner successivement ou cumulativement. Très souvent aussi, ils font des cours distincts sur des questions particulières : questions de banque, de chemins de fer,

---

[1] « Dieser Hauptinhalt besteht nämlich aus der theoretischen und praktischen Volks-und Staatswirtschaftslehre und der unter wirtschaftlichen Gesichtspunkten aufgefassten Gesellschaftslehre und Sozialpolitik » (Vorwort).

[2] Voir les programmes.

[3] Cpr. Conrad, *Grundriss zu den Vorlesungen*, 3e édit. (imprimé comme manuscrit pour ses élèves.)

questions ouvrières, etc. Ils profitent de leur liberté pour établir
comme une sorte de roulement qui les empêche de perdre les vues
d'ensemble. De là résulte que, dans les Facultés importantes, l'enseignement économique est donné avec une grande abondance et
une grande variété, et que, même dans les petites, il est fourni
au moins dans ses divisions les plus essentielles.

*b) Union des Sciences économiques ou Sciences d'État (novo
sensu) avec les Sciences d'État proprement dites (vetere sensu).* —
Les Sciences d'État entendues comme nous venons de le dire au
sens usuel, ont une forte tendance à s'unir au groupe des Sciences
d'État au sens strict du mot, c'est-à-dire qui traitent de l'organisation et des droits de l'État. Il y a, à cela, plusieurs raisons, historiques et logiques.

Strictement, les sciences d'État sont celles qui s'occupent de cet
organe si important, l'État, au point de vue de son essence, de sa
constitution, de ses buts. Or, parmi ces derniers se trouvent ceux
de justice, de police, d'hygiène, de morale, d'instruction, de bien-
être, de richesse; et les poursuites de ces différents buts doivent
être harmoniques, ce qui établit entr'elles d'étroites relations.
D'ailleurs l'atteinte de ces buts a nécessairement un contre-coup
sur la richesse sociale, soit au point de vue de la production, soit
à celui de la circulation, de la répartition, de la consommation. Il
y a donc un lien entre l'Économie Politique et la Politique ou théorie générale de l'État, c'est-à-dire la théorie des meilleurs moyens
pour la puissance souveraine d'atteindre les buts de l'État. Cette
théorie générale de l'État se subdivise en trois branches : la politique constitutionnelle, la politique de la civilisation, la politique
de l'administration, laquelle comprend à la fois l'art économique et
la science de la police (sécurité, mœurs, hygiène, assistance, etc.)[1].
Ce groupement est si logique que nous le trouvons adopté dans
les Universités où les sciences sociales possèdent une Faculté distincte. Ainsi, à Tübingen, dans le semestre d'été de 1891, étaient
enseignés, à la *Staatswissenschaftliche Facultät*, l'Économie Politique théorique, l'Économie Politique pratique, la théorie de l'administration et notamment de l'instruction publique dans les divers
États modernes, le droit constitutionnel allemand dans ses déve-
loppements historiques de 1801 à 1866, ainsi que diverses spécia-

[1] Conrad, *ibid.*, § 4.

lités (politique monétaire, postes et chemins de fer, sociétés de secours mutuels, sociétés coopératives de production, de crédit, questions ouvrières, statistique de la population et statistique des faits sociaux) [1].

Les Facultés qui ne sont pas arrivées à ce groupement par des nécessités de méthode, y ont été conduites par des nécessités historiques. Autrefois, quand l'État se confondait avec le prince, les buts de l'État étaient beaucoup moins élevés qu'aujourd'hui. Ils consistaient surtout à développer le patrimoine du souverain et à accroître ses revenus. Dans ce patrimoine se trouvait la population aussi bien que le domaine proprement dit; il fallait qu'elle fût nombreuse, pour fournir les soldats, qu'il fût riche et prospère pour procurer les fusils. Les administrateurs de la fortune du prince devaient s'occuper de l'un et de l'autre. Un corps spécial, la Chambre Souveraine, était chargé de ce soin; les connaissances nécessaires pour s'en acquitter s'appelaient, de là, les sciences camérales. Elles comprenaient, à côté de l'Économie Politique proprement dite, des enseignements tout à fait spéciaux, tels que la science forestière, la science des mines, etc. Ce groupe est encore resté compact dans le plus grand nombre des Universités. Dans celles où il y a des Facultés de Sciences d'État, ces divers enseignements se retrouvent sous cette rubrique de Sciences d'État : ainsi l'on voit à la *Staatswissenschaftliche Facultät* de Tübingen des cours de comptabilité forestière, d'aménagement forestier, etc.; à la *Staatswirtschaftliche Facultät* de Münich, des cours sur les maladies végétales, la xylotomie, etc. [2]. Dans les autres Universités, la Faculté de Philosophie reçoit dans un de ses compartiments des enseignements identiques ou analogues, amalgamés avec les enseignements économiques, sous la rubrique *Staats-Cameral-und-Gewerbewissenschaften* (Berlin) ou simplement *Staats-und Cameralwissenschaften* (Leipzig). Mais partout, et c'est là ce qui nous importe, l'Économie Politique est unie aux Sciences d'État, quelle que soit la conception qu'on se fasse de l'État, parce que toujours il y a eu des rapports nécessaires entre la science de la richesse et des buts de l'État et celle de la richesse de la société.

[1] *Universitäts-Kalender.* Sommer-Semester, 1891.

[2] Cours que, du reste, les étudiants en Économie Politique ne sont point forcés de suivre.

c) Union des Sciences économiques et des Sciences juridiques.
— Enfin, on doit, croyons-nous, aller plus loin. La combinaison
incessante des phénomènes juridiques, même de droit privé, avec
ceux de richesse, soit que l'on considère l'évolution respective de
ces deux sortes de phénomènes dans l'histoire, soit que, faisant
de l'art, on veuille, par le droit, favoriser, diriger ou restreindre
les actes relatifs à la richesse, exige que les deux études soient
menées de front. L'Économie Politique et le Droit sont indispensables à la pleine intelligence l'un de l'autre. Sur ce point, il est
vrai, il semble que l'organisation allemande vienne donner un dé-
menti à notre théorie, car bien peu d'Universités réunissent dans
une même Faculté l'enseignement du Droit et des Sciences d'État.
Et cependant, en fait, l'union s'opère quand même, par la nécessité de la logique, là où l'organisation officielle semble établir la
séparation. En fait, et malgré le défaut presque complet de sanction, malgré le manque d'utilité pratique immédiate, les neuf
dixièmes de l'auditoire d'un professeur d'Économie Politique dans
les Facultés de Philosophie, proviennent des étudiants de la Faculté
de Droit[1]. Ne vaudrait-il pas mieux alors créer une organisation
répondant à la réalité, généraliser le système autrichien qui,
comme en France, consiste à placer dans la même Faculté le Droit
et les Sciences d'État, plutôt que de conserver, ainsi qu'en Prusse,
ces Facultés de Philosophie cloaques, dont, au point de vue spécial qui nous occupe, nous verrons plus tard les extrêmes inconvénients.

Voilà où en sont les Universités allemandes. Officiellement ou
de fait, elles groupent autour des mêmes chaires tous ceux qui
s'occupent des phénomènes sociaux de richesse ou de droit. Quant
à la science sociale en général, la Sociologie, nulle part encore,
croyons-nous, elle ne fait l'objet d'un enseignement distinct[2],
seulement elle est abordée par certains de ses côtés. Ainsi des
philosophes, comme Wundt[3] et Lazarus, ont fait des cours de

---

[1] On en a la preuve directe par l'observation personnelle, et la preuve indirecte vraisemblablement par ce fait que les catalogues de librairie réunissent
toujours dans une même section les *Rechts-und Staatswissenschaften.*

[2] Schæffle, l'auteur du *Bau und Leben des socialen Körpers*, ne professe
plus depuis longtemps.

[3] Cpr. F. Rauh. Les idées sociales de M. Wundt (*Revue d'Écon. Polit.*, 1891,
p. 240).

Völker-Psychologie. Des philosophes, des juristes, des historiens font assez souvent des cours de Philosophie du Droit. Dans le semestre d'été de 1886 il existait dix-sept cours de ce genre [1].

SECTION II.

Du personnel enseignant [2]. — On paraît énoncer une naïveté en disant que l'enseignement de l'Économie Politique doit être confié à des économistes. Et pourtant il nous faut insister sur ce point parce que, dans le système français suivi jusqu'en 1891, et trop timidement modifié à cette époque, il n'existe pas de garanties sérieuses qu'il en soit ainsi. Nous décrirons plus tard les vices de ce système, qui pourtant fut heureux, et nous en indiquerons les remèdes. Le système allemand lui est bien opposé. Non seulement, comme on l'a fait souvent remarquer, il donne davantage à la science, tandis que nous sacrifions plus volontiers au talent d'exposition; mais, en ce qui concerne l'Économie Politique, il exige essentiellement la spécialisation, une spécialisation peut-être même excessive et prématurée, tandis que nous nous contentons d'une aptitude à l'enseignement en général.

Quelle que soit la réforme que nous proposerons, qu'elle soit radicale ou partielle, il faut donc avoir d'abord une idée du système suivi chez nos voisins. Voilà pourquoi nous dirons un mot, mais en nous plaçant exclusivement au point de vue de notre science, des règles usitées pour le recrutement des professeurs allemands.

La grande division, on le sait, est en professeurs titulaires et *privat-docenten*. Il y a aussi des professeurs extraordinaires, des professeurs honoraires, des suppléants et des *docenten*. Nous ne nous en occuperons pas [3]. Pour devenir *privat-docent* il faut d'abord être docteur. La spécialisation commence dès ce moment.

[1] Cpr. E. Durckheim (*Revue int. de l'Ens. sup.*, avril et mai 1887).
[2] J. Blondel, *op. cit.;* Dreyfus-Brisac, *l'Université de Bonn.*
[3] L'extraordinaire est appointé par l'État, mais ne fait pas à proprement parler partie de l'Université. Sa fonction peut être supprimée lorsque les besoins du service ne l'exigent plus. Quant aux honoraires, ce sont (le plus souvent) d'anciens professeurs qui n'exercent plus. Notons en passant que l'institution de la retraite n'a pas, en Allemagne, le caractère rigoureux qu'elle a chez nous. Il n'y a pas de limite d'âge. Lorsque les forces du professeur vieilli commencent à le trahir, on lui donne, de son vivant, dans les grands cours, un successeur, tout en lui laissant la faculté de faire un cours secondaire, et en lui main.

Le titre de Docteur est, il est vrai, très large. Celui de Docteur en Philosophie, dans les Facultés prussiennes, peut correspondre à des disciplines bien diverses : sciences naturelles, philologie, etc., et rien sur le diplôme n'indique cette différence d'origine. Mais la spécialisation est marquée par le sujet de la thèse. On ne peut se faire habiliter comme *privat-docent* de *Staatswissenschaften* que si le sujet de la thèse a été pris dans une de ces Sciences d'État. Il en est autrement chez nous, même dans le nouveau système suivi pour l'agrégation depuis 1891. Le candidat qui choisit comme matière facultative l'Économie Politique peut parfaitement n'avoir obtenu son titre de docteur que par une thèse purement juridique.

Lorsque le docteur sollicite l'habilitation dans l'Université même qui lui a conféré son grade, pas de difficulté ; quand il la demande à une autre Université, principalement une Université d'un autre pays, on lui fait quelquefois subir un examen de garantie dit de *nostrification*.

Pour l'habilitation elle-même, nous ne trouvons rien d'analogue à notre concours d'agrégation. Les travaux scientifiques antérieurs qui, chez nous, ont une importance restreinte, jouent là-bas un rôle prépondérant. Voilà pourquoi beaucoup de *privat-docenten*, quoique bien jeunes, portent des noms déjà connus. Ils nous ont souvent embarrassé en nous demandant comme une chose naturelle : « Et vous, quelle est votre spécialité? » Car, en vrai Français il nous fallait répondre « toutes » ou « aucune, » ce qui était également gênant. Les épreuves n'ont aucunement le caractère de concours, mais d'examen individuel. Elles consistent ou plutôt peuvent consister en : 1° une thèse sur un sujet donné, distinct des ouvrages publiés par le candidat; 2° un *colloquium* avec trois professeurs spécialistes devant une commission de la Faculté; 3° enfin, assez souvent, on exige du candidat qu'il fasse

---

tenant son traitement. Enfin, lorsque cet exercice hygiénique lui est interdit, ses appointements le suivent dans un repos qu'il a bien mérité. On ne le réduit pas à la portion congrue, au moment où il finit sa carrière. Les Chambres ne refusent jamais les crédits nécessaires à adoucir les dernières années de savants que l'on considère comme l'honneur de leur pays.

A la fin du semestre d'hiver de 1891-92, les Universités allemandes comptaient 1,022 professeurs ordinaires, 528 professeurs extraordinaires, 67 professeurs honoraires, suppléants, *docenten*, 642 *privat-docenten*. Celles d'Autriche avaient, à la même époque, 260 ordinaires, 108 extraordinaires, 16 honoraires, 225 *privat-docenten*.

une leçon devant un auditoire d'élèves et en présence de professeurs (*Eintritts-Vorlesung*)[1].

Le grave danger d'un pareil système, c'est le favoritisme.
Comme tout se passe sans concours, dans le sein de l'Université,
et, naturellement, sur le rapport et sous l'inspiration des spécialistes, il est à craindre que les jeunes gens ne manquent de liberté
vis-à-vis de leurs maîtres, que ceux-ci n'appuient que leurs disciples
et ne découragent les étrangers ou les indépendants. Cette considération intéressée contribue singulièrement à la formation du petit
groupe de mameluks dont sont entourés presque tous les professeurs allemands. On ne peut nier toutefois, lorsque le maître a de
la valeur, qu'une pareille intimité ne soit féconde. Pour éviter les
abus il faut compter sur l'opinion publique, et le contrôle, après
tout assez efficace, des collègues des autres spécialités.

On sait que les *privat-docenten* ne font point partie de la Faculté,
qu'ils ne touchent aucun traitement de l'État, mais seulement des
étudiants inscrits à leur cours[2] : qu'ils ne portent point le titre si
envié de professeur[3]. Les *privat-docenten* de *Staatswissenschaften*
ont, dans les Facultés prussiennes, un avantage sur les *privat-
docenten* des autres enseignements. Comme, ainsi que nous l'a-
vons vu, la majeure partie des auditeurs des cours d'Économie
Politique se recrute chez les étudiants en Droit, lesquels ne subis-
sent sur cette matière aucun examen universitaire, les professeurs
titulaires n'ont pas le prestige de futurs examinateurs, et de ce
chef, les *privat-docenten* ne sont point, par rapport à eux, dans un
état d'infériorité. En principe, les auditeurs ne se laissent guider
ici que par la valeur du maître; le professeur et le *docent* sont
égaux. Mais, en fait, l'étudiant s'attache, de préférence, aux
noms connus des titulaires qui tiennent les grands cours, et
qui, du reste, en général, se réservent les matières les plus importantes. Nous avons cependant pu constater des auditoires très
honorables aux leçons de MM. Sering, Kaufmann, à Berlin; Lotz,
de Schulze-Gävernitz, à Leipzig; Diehl, à Halle.

---

[1] Cpr. sur ce point Blondel, *De l'Enseignement du Droit dans les Universités
allemandes*, p. 5 (et *Revue de l'Enseign. supér.*, t. IX, 1885). Rapport de M.
Bardoux sur les Universités, *Journal officiel* du 10 mai 1892.

[2] Quelquefois pourtant ils touchent un *stipendium* extraordinaire *(Docenten
mit Lehrauftrag)*.

[3] Cpr. Blondel.

Il est rare qu'un *privat-docent* devienne titulaire dans l'Université où il a été habilité. Pour obtenir une chaire, il est, le plus souvent, obligé de se déplacer et de commencer cette course vagabonde à laquelle sont voués les meilleurs des professeurs allemands, avançant pas à pas suivant son mérite, sa réputation, ses exigences, de la plus petite Université de langue allemande, même en pays étranger (Berne, Dorpat), ou d'une *Hochschule*, aux postes enviés des grandes Universités, Berlin, Vienne, Leipzig, Munich ; carrière difficile au début, mais brillante à la fin, où l'on ramasse peu à peu, en chemin, beaucoup d'observations, le sentiment de l'unité nationale, l'aisance, quelquefois même la gloire et la fortune.

Qu'il s'agisse d'une première ou d'une subséquente titularisation, les règles sont à peu près les mêmes. Quand une chaire est vacante, le Sénat de l'Université, ou quelquefois même la Faculté intéressée, propose au gouvernement une liste de trois noms. Ce choix est déterminé par la célébrité, la valeur des candidats, et garanti par l'intérêt personnel. On a pu remarquer, en effet, que, grâce à l'extrême liberté d'apprendre laissée aux étudiants, la présence d'un professeur renommé dans une Université attire un grand nombre d'auditeurs au cours de beaucoup d'autres ; or, les inscriptions profitant aux professeurs eux-mêmes, tous sont pécuniairement intéressés à faire de bons choix. On est donc amené, ici encore, à tenir un compte prépondérant des travaux publiés, de la spécialisation, du genre d'études des candidats. Il ne viendrait pas à l'esprit du Sénat de proposer un *privat-docent* d'une autre spécialité, uniquement parce qu'il est plus ancien.

Les propositions faites, le gouvernement se met en campagne. Il charge ses agents de le renseigner officieusement sur les aptitudes des candidats ; il les fait sonder, leur fait des offres, discute leurs exigences, et, finalement, si l'on tombe d'accord, conclut avec celui qu'il choisit un contrat (le plus souvent secret), où sont réglées toutes les conditions de traitement, d'indemnités et autres particularités ; puis il l'investit officiellement de la chaire. On ne trouve rien de choquant dans ces débats. Même les plus socialistes parmi les professeurs d'Économie Politique essaient de tirer ici le meilleur parti possible de la loi bourgeoise de l'offre et de la demande.

Quoique les questions relatives au mode de rémunération et

au traitement semblent être des questions générales n'ayant
point de place dans notre étude, cependant nous en dirons un
mot, parce que, à notre avis, elles ont une répercussion sur tout
le système, et sont la raison fondamentale de bien des différences
et la condition indispensable de presque toutes les réformes.

D'après ce que nous venons d'exposer, on voit que, suivant les
Universités, ou, dans les mêmes Universités suivant le contrat,
les traitements des professeurs sont loin d'être uniformes. Notre
égalité mécanique, qui ne tient compte ni des difficultés de la vie
dans les divers centres, ni des différences de mérite, mais qui,
dans toute la France, sauf Paris, établit des règles identiques, où
l'ancienneté joue le principal rôle, ne paraîtrait point là-bas un
stimulant suffisant de l'activité scientifique. Bien plus, on veut
que les savants dont s'honore l'État aient les moyens matériels de
prendre dans la société la place à laquelle ils ont droit. C'est
pourquoi la rémunération que tire le professeur de son traitement
est encore renforcée par le droit, qui lui est reconnu, d'exiger une
rémunération des étudiants inscrits à son cours privé (*Collegiengeld*). Minime dans les petites Universités, cet appoint peut, dans
les grandes, aller jusqu'à 12,000 marks et plus. On a souvent pré-
tendu qu'il y avait là entre le professeur et l'étudiant un mar-
chandage qui choquerait nos idées françaises. Il faut répondre
que ces droits sont perçus en vertu d'un tarif, le même pour tous
les professeurs d'une même Université, ou du moins d'une même
Faculté. Il est, en général, de 5 marks par cours hebdomadaire
d'une heure en Prusse, en Würtemberg; de 4 marks en Saxe, en
Bavière; de 1 florin 5 kreuzer dans les Facultés autrichiennes, le
tout avec des réductions plus ou moins sensibles, suivant le
nombre des cours. Notez que la période universitaire étant le semestre, ces droits doivent être entendus d'un cours semestriel.
Chaque semestre donne lieu à de nouveaux droits[1].

Ces deux stimulants combinés, possibilité d'arriver à des traitements élevés, revenu plus ou moins important provenant des
étudiants, produisent, à notre avis, les plus heureux effets. Le

---

[1] Pour les divers honoraires consulter les renseignements fournis sur chaque
Université par l'*Universitäts-Kalender*. Remarquons d'ailleurs que les étudiants
pauvres obtiennent assez facilement, soit un délai, soit même l'exemption
totale, à charge alors, le plus souvent, de justifier par des examens spéciaux
qu'ils en sont et en restent dignes.

professeur jeune est aiguillonné par les deux ; le professeur plus
âgé, alors même qu'il ne désire pas de changement de résidence,
est atteint par le second. Il leur importe de se faire ou de conserver une grande réputation scientifique. Ils ont tout intérêt à se
spécialiser absolument dans leurs fonctions universitaires et dans
leur enseignement. C'est par là que s'explique le travail prodi-
gieux qu'ils assument : jusqu'à dix heures de cours par semaine,
des audiences fréquentes données aux étudiants, une collaboration
intime, mais absorbante, avec l'élite d'entre eux dans la direction
des séminaires. Leur activité tout entière est portée au plus haut
point, parce qu'elle trouve dans son propre exercice sa meilleure
rémunération. Le professorat devient, par là, une véritable carrière qui prend l'homme tout entier. Il n'est que bien rarement
une occupation accessoire ou un canonicat garanti.

Toutefois n'attribuons pas à nos voisins plus de mérite qu'il
ne leur en revient dans cette heureuse institution. Les causes
principales, comme il arrive souvent, en sont des circonstances
historiques et non point une volonté réfléchie. La vitalité des
Universités, leur épanouissement sont des bienfaits du particularisme encore si vivace dans ce pays. Les compétitions n'y
sont sérieuses que lorsqu'il s'agit d'attirer un professeur d'une
Université d'un État dans une Université d'un autre État. La
Prusse, la Saxe, la Bavière, le Würtemberg, le duché de Bade, le
pays du Reichsland, l'Autriche, la Suisse, sont en rivalité d'Universités. Chacun de ces États essaie d'obtenir le premier rang
ou du moins un rang honorable, et, pour cela, tous sont disposés
à attirer chez eux les professeurs les plus célèbres, en surenché-
rissant sur leurs voisins. Il y a pour les professeurs, qu'on me
passe la comparaison, la même concurrence que pour les ténors.

Il est clair que si l'Allemagne tout entière était centralisée
comme la Prusse, son gouvernement ne se ferait pas concurrence
à lui-même. Par la force des choses, tenant toutes les Universités
dans sa main, il serait le seul débouché des professeurs qui offrent
leurs services et leur imposerait ses tarifs. On adopterait, pour
toutes les Universités, les mêmes règlements, la même hiérarchie ;
on laisserait s'éteindre beaucoup de petits foyers. Ce qui a sauvé
les Universités, ces centres, ces propagateurs de la conscience
nationale, c'est le particularisme.

SECTION III.

Le cours. — Il nous faut, à présent, voir les professeurs et les étudiants chez eux, au cours.

Ce qui frappe d'abord l'étranger et qui, dans les comparaisons statistiques, fait attribuer à l'enseignement allemand une si grande vitalité, c'est le nombre important de cours faits par chaque professeur. Même pour l'Économie Politique et ses auxiliaires, les diverses *Staatswissenschaften,* nous trouvons un service de trois à dix heures fourni par chacun, suivant les semestres.

Il y a là un peu de fantasmagorie. D'abord, grâce à l'institution religieusement observée de l'*academisches Viertel,* l'heure de cours n'a invariablement qu'une durée de trois quarts d'heure. De plus, chaque fois qu'il le peut, le professeur annonce deux heures consécutives; de sorte qu'en somme les deux cours lui reviennent à une heure et demie, coupée par un repos d'un quart d'heure. Les professeurs français, au contraire, annoncent une heure de cours, et parlent ordinairement pendant une heure vingt minutes ou une heure et demie. J'estime que, comme durée, trois de leurs leçons équivalent à cinq en Allemagne.

Il paraît difficile de ne pas voir dans le *Collegiengeld* (rémunération payée par l'étudiant) une des causes de cette abondance de cours. La plupart des leçons sont privées et payantes : le cours public et gratuit n'est que d'une heure par semaine, et pendant un semestre. Le revenu est donc d'autant plus élevé que les cours privés seront plus nombreux. Le professeur, pourvu qu'il reste dans sa spécialité, a toute latitude à cet effet; il peut se charger de plusieurs enseignements, créer des cours distincts : il est libre d'enseigner, comme les élèves d'apprendre, et n'a d'autres limites que ses forces et leur patience. Si, dans une même Faculté, il y a deux professeurs de la même science, ils se gardent bien, en fait, d'user de leur droit rigoureux; mais, mettant à profit la division de l'année universitaire en semestres, ils distribuent leur enseignement dans l'ordre inverse l'un de l'autre : ainsi, pendant le semestre d'hiver, l'un fera l'économie politique théorique, l'autre, l'économie politique pratique; et inversement pendant le semestre d'été. Par ce moyen, la concurrence, tout en conservant ses effets les plus utiles, puisqu'elle existe par rapport à l'année entière, perd son caractère le plus personnel et le plus âpre. En outre,

l'étudiant peut, en un seul semestre, en s'inscrivant aux deux
cours, avoir un aperçu complet de la science et apprécier la
manière des deux professeurs.

Cette division en périodes semestrielles n'est point sans inconvénients, mais elle a des avantages en ce que l'étudiant peut beaucoup plus facilement se déplacer. L'enseignement d'un semestre
devant se suffire à lui-même, l'étudiant, en quittant l'Université
au bout de six mois, ne laisse point des études interrompues; il
peut, sans préjudice pour lui, suivre la coutume allemande de
passer dans différentes Universités pour entendre les professeurs
les plus connus et varier ses points de vue. Mais, d'autre part, il
faut bien le dire, il est fort rare que le semestre d'été ne soit pas
sacrifié. Il commence, en fait, une quinzaine de jours après Pâ-
ques, est coupé par un congé de près de huit jours à la Pentecôte,
se termine à la fin de juillet ou, au plus tard, au commencement
d'août. Il est bien difficile, dans un si court espace de temps, de
donner tout leur développement aux matières de quelque importance. Les étudiants le savent, et se déterminent dans leur choix
plus par la situation de l'Université que par sa réputation. Les
Universités des charmantes vallées du Rhin et du Neckar voient
pendant l'été s'accroître considérablement leur population scolaire.

C'est probablement à cette institution des semestres qu'il faut
rattacher la division, classique dans l'enseignement économique,
de l'Économie Politique en théorique et pratique. Mais, à cela
nous ne voyons que des avantages. L'esprit des jeunes gens,
comme celui des professeurs, s'habitue à bien marquer la différence de la science et de l'art, et c'est beaucoup pour la direction
des études. Nous savons que, dans nombre de cas, cette distinction est difficile, qu'elle est parfois un peu arbitraire, qu'elle
expose à des redites; que les uns entendent la science d'une
manière, les autres d'une autre : que, par exemple, pour les
uns, les lois sont de pures lois de l'esprit humain; pour d'autres,
des lois naturelles; pour d'autres, de simples tendances; n'importe,
le fait même d'une distinction est capital, et nous ne comprenons
pas qu'on répète encore que les Allemands ne savent ou ne veulent pas la faire. Nous ne saurions donc approuver la tendance qui
se manifeste aujourd'hui, en Autriche, à développer l'enseignement sur l'année tout entière. Notre science ne peut que gagner à
une sévère division.

Naturellement on retrouve ici la marque des différences scientifiques qui caractérisent les divers professeurs. Ainsi, le professeur
Schmoller, qui, déjà dans son cours théorique, s'attache surtout à
montrer le fondement historique et éthique des diverses institutions
économiques, se borne, dans le cours pratique, à faire l'histoire
détaillée des institutions économiques allemandes et prussiennes.
Ailleurs, au contraire, c'est le caractère pratique qui tendra à pré-
dominer et le cours aura les allures d'un cours de législation comparée. En général, et à raison des différences de sanction que nous
signalerons au chapitre deuxième, il semble que, dans le Nord,
l'enseignement ait un caractère plus désintéressé, dans le Sud, un
caractère plus positif. Nous ne pouvons entrer dans les détails.
Toutefois, autant pour fixer les idées que parce qu'ils diffèrent des
plans habituellement suivis en France, il nous paraît bon de trans-
crire ici deux programmes qui, chacun dans son genre, nous paraissent rendre la nuance moyenne.

I.

Économie politique théorique générale.

(Professeur Brentano, semestre d'hiver 1891-92, Munich.)

Introduction. — 1. L'Économie sociale.

PREMIÈRE PARTIE. — **Les conditions fondamentales concrètes de l'économie
sociale.**

I. *La Population.* — 1. Les conditions naturelles de la population. —
2. Les besoins et leur importance pour l'économie sociale. — 3. L'activité
économique de l'homme et ses principes.

II. *Le Territoire.*

III. *Le Travail.* — 1. Notion du travail. — 2. Les conditions de la force
de travail d'une nation. — 3. Les conditions du goût au travail. Le système
des salaires. — 4. L'élévation des salaires et la productivité. — 5. La durée
du temps de travail et la productivité.

IV. *Le Capital et la Fortune* (Vermögen). — 1. Notion et division. — 2. Des
conditions de la capitalisation. — 3. De la diversité des capitaux.

V. *La Technique.* — 1. Notion et but de la technique. — 2. De l'accroissement de la productivité à raison des modifications dans la matière; —
3. dans la force de l'homme; — 4. dans les instruments de production. —
5. Technique et Économie.

VI. *Les Mœurs.*

VII. *L'État.* — 1. Les rapports théoriques de l'État et de l'économie sociale. — 2. Le droit privé. — *a*) La liberté personnelle et ses limitations. — *b*) Le droit de propriété. — *c*) Le droit de succession. — *d*) Des critiques adressées à la propriété et au droit de succession. — *e*) La légitimation de la propriété et du droit de succession. — 3. L'administration. — 4. La constitution. — 5. Le droit international.

VIII. *Les débouchés et leurs réactions.*

IX. *Coup d'œil sur le développement de la société et de l'économie sociale sous l'influence des modifications des conditions fondamentales de la vie économique.*

DEUXIÈME PARTIE. — L'organisation actuelle de l'économie sociale.

1. Le caractère fondamental de l'organisation économique actuelle. — 2. Biens et valeurs. — 3. De la multiplication et de la raréfaction des biens. Production et spéculation. — 4. D'où vient la valeur, et qui est-ce qui produit. — 5. Notion et fonctions de l'entrepreneur. — 6. Classification des entrepreneurs. — 7. Les formes de l'entreprise. — 8. L'argent. — 9. Le crédit. — 10. Le prix et son importance économique. — 11. Les éléments de la détermination du prix. — Les éléments de la détermination du prix de l'argent en particulier. — 13. Le prix comme répartiteur du revenu social. — 14. Le salaire. — 15. Les rentes. — *a*) Les rentes des capitaux de prêt. — *b*) Les rentes des capitaux fixes. — 16. Le profit. — 17. Le prix et la production. — 18. La spéculation. — 19. Signification du profit et de la perte. — 20. Les crises et leurs causes.

TROISIÈME PARTIE. — Les aspirations vers une transformation de l'organisation économique.

1. Les socialistes. — 2. Les économistes conservateurs. — 3. Les indices d'une nouvelle organisation de l'écon..ie sociale. — 4. Le but du développement de l'économ·. ` `, et les points de vue dominants pour l'appréciation critique des · . ... · ·mer.

II.

Politique économique, ou Économie Politique pratique.

(Professeur Conrad, Halle a/S.)

Introduction. — 1. L'État et ses devoirs économiques.

PREMIÈRE PARTIE. — Les industries manufacturières.

I. *Le développement historique de l'industrie.* — 2. Le moyen âge. — 3. Les temps modernes. — 4. La phase contemporaine.

II. *La constitution industrielle.* — 5. Les principes de l'ancien régime corporatif dans leurs relations avec l'activité industrielle. — 6. Le système des concessions. — 7. La liberté industrielle. — 8. Le développement de la législation industrielle.

III. *La question ouvrière.* — 9. La question sociale de notre temps. — 10. Les associations coopératives. — 11. Les sociétés de production et la participation aux bénéfices. — 12. La liberté de coalition et les unions ouvrières du temps présent. — 13. Les grèves. Offices de conciliation et tribunaux industriels. — 14. Les nouvelles communautés de métiers (Innungen). — 15. La législation protectrice du travail. — 16. L'assurance ouvrière.

IV. *La protection des inventions.* — 17. La question juridique et l'importance économique de la concession de brevets. — 18. Les principes fondamentaux de la législation des brevets et marques de fabrique.

V. *La politique douanière.* — 19. Nature et histoire des droits protecteurs. — 20. L'efficacité économique des droits protecteurs. — 21. Principes généraux relatifs à la question des droits protecteurs.

Deuxième partie. — L'économie agricole et forestière.

I. *L'activité agricole dans ses rapports avec l'harmonie sociale.* — 22. Développement et importance économique de l'agriculture. — 23. La culture intensive et extensive. — 24. La théorie de Thünen. — 25. Les modifications aux cercles de Thünen. — 26. La statique.

II. *La constitution agraire.* — 27. Le développement de la fixation au sol, des justices paysannes, des prestations. — 28. L'affranchissement des rapports féodaux fonciers, la rectification des champs et le partage des communaux. — 29. La division du sol. — 30. Restriction ou libre morcellement. — 31. La transmission héréditaire du sol.

III. *Crédit agricole.* — 32. Nature de celui-ci. — 33. Système hypothécaire. — 34. Institutions de crédit agricole. — 35. Questions particulières relativement à l'organisation des établissements de crédit agricole. — 36. Le crédit personnel.

IV. *Autres exigences de l'agriculture.* — 37. Instruction agricole. — 38. Les associations agricoles.

V. *L'économie forestière.* — 39. Importance économique des forêts. — 40. Devoirs de l'État à ce point de vue spécial.

VI. — 41. *Les mines.*

Troisième partie. — Le commerce, le système des communications et des assurances.

I. 42. — Chap. I. *Le commerce.*

II. *Le système des transports.* — 43. La poste. — 44. Importance économique des chemins de fer. — 45. Chemins de fer privés et d'État. — 46. La question des tarifs. — 47. Les caisses d'épargne.

III. *Le système des assurances.* — 48. Historique. — 49. Diverses formes des sociétés d'assurances. — 50. L'assurance contre l'incendie. — 51. L'assurance sur la vie.

Voilà pour les programmes. Quant au cours en lui-même, nous avons remarqué, avec plaisir, que l'usage de lire était à peu près complètement tombé en désuétude. Assurément quelques professeurs se servent de leurs notes plus fidèlement que d'autres; mais ce sont là des différences personnelles et non systématiques : ils prennent soin de le dissimuler, et le cours y gagne quelque chose de plus vivant et de plus suggestif. La plupart des professeurs, pour fixer l'attention de leurs élèves et aider leur mémoire, ont recours à des programmes imprimés ou lithographiés plus ou moins détaillés, qu'ils leur distribuent au commencement du semestre. Celui du professeur Conrad notamment, dont nous avons reproduit ci-dessus les grandes lignes pour la politique économique, est un véritable petit traité. Quelquefois ils dictent simplement ces programmes à la première leçon (Wagner); le professeur Schmoller dicte au fur et à mesure les parties essen-tielles de son cours, qui, réunies, forment un système harmo-nique. Tous ou presque tous s'attachent à fournir sur chaque matière une bibliographie très complète. Cette indication des sources, donnée par un maître, sera plus tard, pour les travaux personnels de l'étudiant, d'un secours inappréciable. Quant aux traits caractéristiques de chaque professeur, la difficulté qu'il y a pour un étranger, dans un très court espace de temps, de juger de choses aussi délicates, nous fait un devoir de ne les donner ici que comme des impressions tout à fait fugitives. Schmoller nous a frappé par la finesse, la délicatesse de touche; Wagner, par la symétrie et la solide construction de ses plans, les divisions multiples de chaque matière, l'ardeur, l'enthousiasme de la parole; Brentano, par la clarté, l'élégance, l'esprit; Conrad, par la netteté des explications, la facilité, la sincérité, la chaleur du débit; Cohn, par l'*humour* et le trait; Lexis, par le savoir; Schanz, par l'esprit pratique, la bonne pédagogie. Nous n'avons pas eu le plaisir d'entendre, à son cours du moins, le maître de Vienne, Carl Menger. D'après le travail de M. Mahaim[1] et nos rensei-gnements personnels, son cours est très pratique, très simple, ne fait que peu de place aux théories, même à celle de la valeur, la maîtresse pièce de son système.

---

[1] E. Mahaim, *Revue de Belgique*, 1885; l'*Enseignement de l'Économie Poli-tique à l'Université de Vienne*, p. 356.

Un mot maintenant de l'auditoire. Nous avons remarqué qu'il était fort nombreux aux cours d'Économie Politique. A Berlin, les deux professeurs d'Économie Politique occupent deux salles très spacieuses, pouvant contenir chacune trois cents personnes. Ils avaient en moyenne une centaine d'auditeurs. A Leipzig, la salle, immense, était toujours absolument comble. Au cours public de Schmoller à Berlin, plus de deux cents étudiants attendaient en plein air, dans la petite cour du bâtiment annexe de la Doorotheen-strasse, que la leçon du professeur Treitschke fût terminée; le flot sortant et le flot entrant se heurtaient; au bout de deux minutes, il n'y avait plus une place libre. Naturellement, dans les petites Universités, il faut en rabattre. Nous avons vu des cours où il y avait onze auditeurs, cinq même, et en nous comptant.

Décrirons-nous cet auditoire? les manières cérémonieuses et un peu compassées des étudiants entre eux, l'affectation de politesse que l'on met dans le choix et le respect des places, la note claire des casquettes des membres des corporations, toujours moins nombreuses au cours qu'à la brasserie; le *scharren,* frottement des pieds, qui marque le mécontentement; le trépignement (*trampeln*) qui remplace l'applaudissement; la paix de ces grands bâtiments, presque toujours placés au milieu de jardins dont les arbres égayent la vue et délassent parfois de l'aridité des explications. Tout cela n'est malheureusement pas dans notre sujet : il faut nous borner aux traits propres à notre étude.

Ce qui nous a le plus frappé, c'est le respect et l'enthousiasme de ces jeunes gens pour leurs maîtres. A Berlin surtout, la présence de deux professeurs célèbres rivaux dans le même enseignement y mettait une nuance plus vive encore. C'était, il y a deux ans, la même chose à Vienne. Il nous a plu d'entendre les jugements injustes des élèves de l'un sur la méthode et même le caractère de l'autre. Nous voyons, dans cette passion, la preuve du talent de leurs maîtres, car un homme médiocre ne fait pas de disciples. Nous constatons avec plaisir les ressentiments, les rancunes causées par les défections, par le passage de quelques jeunes docteurs d'un camp dans un autre; et nous nous disions qu'après tout c'est un heureux système celui où les rivalités scientifiques offrent assez d'intérêt pour dégénérer en querelles personnelles.

SECTION IV.

Le séminaire. — Ce n'est pas toujours, c'est même rarement en chaire que les professeurs expriment leurs plus intimes idées. Ils les livrent, le plus souvent, dans les conversations familières, si fréquentes là-bas entre les maîtres et les élèves, et ceci nous amène à l'institution des séminaires.

Notre collègue et ami Camille Jullian, dans son étude sur les séminaires historiques et philologiques des Universités allemandes[1], divise les séminaires en séminaires d'État et séminaires privés. Dans les sciences économiques, nous n'avons rien vu de semblable aux séminaires d'État ; tout ce qui va suivre se rapporte donc exclusivement aux séminaires privés, et même aux seuls séminaires d'Économie Politique[2].

Ces séminaires, bien plus intéressants que les cours, ne mentent pas à leur titre. Ils sont destinés à faire germer la bonne semence. On pourrait croire que, dans nos Facultés de Droit, en France, nous en possédons l'équivalent sous le nom de conférences. Nous montrerons tout à l'heure combien, même pour l'enseignement du droit, cette opinion serait erronée; mais, en ce qui concerne l'Économie Politique, le séminaire n'existe pas. Essentiellement le séminaire allemand est l'activité scientifique du professeur lui-même s'exerçant et se développant dans des rapports intimes sur des sujets d'élites. Il vaut ce que valent les sujets et ce que vaut le professeur. Dans les petites Universités, naturellement, faute d'un nombre suffisant de membres, il est plus terre à terre; dans les grandes et avec certains maîtres, il dépasse de beaucoup le cours, prépare de bons spécialistes, et fournit à la science des travaux de mérite, souvent honorés d'une publication, dont elle peut faire son profit.

A raison des rapports personnels, souvent amicaux, du directeur et des élèves, le séminaire est toujours tenu *privatissime.* Il faut, pour en faire partie, être accepté par le professeur. Loin d'encourager les jeunes gens à y entrer, beaucoup de directeurs

---

[1] *Revue de l'enseignement supérieur,* 15 octobre 1884, 15 novembre 1884, t. II, 1884, pp. 57 et 404.

[2] Cpr. les deux articles de M. E. Mahaim sur l'*Économie politique à l'Université de Berlin et à l'Université de Vienne, Revue de Belgique,* 1889, et G. Blondel, *op. cit.*

de séminaires les en dissuadent : ils ne veulent pas de sujets valétudinaires ou rebelles qui leur prendraient un temps précieux, mais des pupilles vigoureux, auxquels ils peuvent, dans l'espoir d'une belle réussite, se donner tout entiers. C'est pour le même motif que le séminaire comprend rarement des étudiants tout à fait nouveaux dans la science. On préfère qu'ils se soient dégrossis en suivant des cours pendant un ou deux semestres. Et, à l'inverse, il n'est pas nécessaire que les membres du séminaire appartiennent à l'Université. Beaucoup sont déjà docteurs; quelques-uns n'ont aucun titre universitaire.

Lorsque la barrière est franchie, on se trouve un peu comme en famille. Le professeur et les élèves deviennent plutôt le maître et les disciples ; ils peuvent compter l'un sur l'autre. L'élève va sans façon chez le professeur lui demander ses conseils, son assistance, les livres rares, les documents précis. Le maître dirige les travaux de l'élève dans le sens de ses propres travaux, use de son activité, s'en sert presque comme d'un collaborateur. Ces rapports familiers se resserrent encore lorsque, aux entretiens du séminaire se joignent des excursions faites en commun à des fabriques, des usines, des exploitations agricoles (à Halle par exemple). C'est bien alors la causerie avec ce qu'elle a d'imprévu et de captivant. Puis, les mœurs là-bas autorisent des pratiques qui pourraient, en France, choquer les idées un peu bourgeoises de certains professeurs. Nous avons vu Wagner, à Berlin, donner rendez-vous, après son séminaire, dans un petit restaurant de la *Mittelstrasse :* la plupart de ses élèves l'y suivirent; et le séminaire se poursuivit sous la forme d'une *Kneipe* amicale. Et à Leipzig, pendant que nous y étions, Brentano invita chez lui ses élèves à un brillant souper qu'animaient la bonne humeur et la jeunesse des convives et que rehaussait la grâce toute patricienne des maîtres de la maison[1].

Comme celle du cours, la durée du séminaire est d'un semestre ; à Berlin, Wagner et Schmoller alternent chaque semestre. Ailleurs, le même professeur tient séminaire pendant les deux semestres (Halle). Le séminaire est gratuit pour le professeur comme pour les élèves. Pour le premier il n'est l'occasion d'aucune allocation supplémentaire, même de l'État. Tout au plus s'arrange-t-on

---

[1] Cf. Jullian, *ibid.*, p. 421, séminaire de Mommsen.

quelquefois pour en faire attribuer une au *privat-docent* qui aide
le directeur. Pour l'étudiant, il ne donne lieu qu'à un versement
insignifiant d'une somme de 5 marks, au profit de la bibliothèque.

L'inscription se fait chez le professeur, au cours d'une visite
que lui rend l'étudiant pour solliciter son admission. Nous avons
assisté chez le professeur Wagner à une de ces visites. La conversation porte sur les études antérieures du candidat, ses goûts, ses
projets, sa nationalité : autant de réponses, autant d'observations
qui seront utilisées plus tard pour le choix et l'attribution des
sujets à traiter.

A la première séance du séminaire, on fait l'appel des noms.
Cet appel révèle presque toujours un nombre considérable d'étudiants étrangers, polonais, russes, japonais, anglo-américains,
hongrois, roumains, bulgares. Le grand renom des Universités
allemandes les attire. C'est là qu'ils puisent leur savoir, le goût
des idées et des méthodes allemandes, l'impression qu'ils propa-
geront plus tard dans leur pays de la suprématie scientifique de
l'Allemagne. Le séminaire est un foyer petit, mais intense, de
germanisation.

C'est, en général, à la seconde séance, que le professeur dis-
tribue les sujets qui devront être traités durant le semestre. Il les
dispose de semaine en semaine dans l'ordre de leur difficulté, en
commençant par les plus faciles. Déjà, dans cette opération préli-
minaire, percent les différences de direction. Schmoller ne donne
presque jamais le sujet lui-même, mais le laisse choisir par l'élève.
Wagner, au contraire, le donne d'autorité, en tenant compte de
ce qu'il sait sur chacun des conférenciers. En même temps que le
sujet, le professeur indique la bibliographie, qui sera un guide
précieux.

Le travail doit être rédigé par écrit. Il est communiqué au professeur la veille ou l'avant-veille du jour fixé, quelquefois avant,
suivant la nature du sujet.

Les séances se tiennent généralement le soir, car d'une part,
nombre de membres sont occupés dans la journée; d'autre part,
on ne risque pas ainsi d'empiéter sur le cours d'un professeur et
de lui enlever ses élèves. Le professeur donne la parole au *Referent*, qui lit son rapport. En règle, la lecture ne doit pas dépasser
une demi-heure, ce qui est un temps bien court. Mais quand le
travail est sérieux, on allonge le délai, et même on renvoie à une

ou plusieurs séances ultérieures pour épuiser le sujet. Après la lecture, la parole est donnée aux assistants, qui font des critiques plus ou moins sérieuses ; elles sont naturellement d'autant plus nombreuses, mais aussi d'autant plus superficielles, que le sujet est plus banal : lorsqu'il est tout à fait technique, il est rare que le *Referent* ait beaucoup de contradicteurs. Le professeur dirige les débats, les résume, et critique à son tour le travail du *Referent,* ce qui donne quelquefois lieu entre eux à des discussions fort intéressantes.

C'est dans cette intervention personnelle du professeur qu'est l'attrait de la conférence pour le plus grand nombre des membres ; c'est là aussi qu'apparaît son talent comme directeur et *accoucheur* d'esprits. Dans la liberté d'une conversation familière, il peut donner des détails, raconter des anecdotes, établir des rapprochements ; d'un mot, toucher à une question connexe, suggérer une idée générale. C'est là surtout qu'il applique sa méthode, en pénètre ses auditeurs. Tel procède par théories, par déductions ; tel autre, au contraire, s'attache à faire naître la réflexion à propos d'un fait, d'un document, d'une erreur. Il y a dans ces causeries répétées une initiation progressive, une communion lente qui rapproche plus les élèves et les professeurs que tout ce qui pourrait être dit du haut de la chaire.

Tel est le profit du séminaire pour les simples auditeurs ; moins ce qu'ils apprennent sur le sujet, que les horizons découverts à propos de ce sujet. Quand, à tour de rôle, ils deviennent *rapporteurs,* l'avantage est de les habituer aux recherches personnelles, aux travaux originaux. Lorsque l'esprit s'est plié à cette discipline du travail approfondi, lorsque, dans une discussion publique, on a été traité avec égard par un maître admiré ; lorsque, comme cela arrive quelquefois, on a eu l'honneur de voir son travail publié dans un des Recueils spéciaux que quelques directeurs du séminaire ont créés à cet effet, le goût de l'étude est définitivement acquis, et l'on en garde pour la vie une tendance scientifique.

Matériellement, le travail est rendu aux élèves du séminaire aussi commode, aussi attrayant que possible. Le séminaire possède presque partout une bibliothèque qui lui est propre. Cette bibliothèque, du moins telle que nous l'avons vue fonctionner à Berlin, est la bibliothèque rêvée, la bibliothèque sans bibliothécaire. La clef en est déposée chez le concierge. Chaque membre

du séminaire (muni d'une carte de légitimation) peut l'y prendre
à toute heure du jour, à toute époque, même pendant les congés.
Les livres sont rangés par ordre de matières; et les lecteurs sont
priés instamment de les remettre eux-mêmes à leurs places,
dans leurs rayons respectifs; un catalogue aide aux recherches.
Dans la paix de cette retraite, avec la liberté qui convient à de
jeunes savants, on peut ou feuilleter, ou écrire, ou causer avec ses
camarades; on n'est pas arrêté dans son travail par un règlement
impitoyable, gêné, retardé dans ses recherches par un fonctionnaire plus ou moins complaisant; les livres enfin, chose bien rare,
semblent être faits pour les lecteurs et non les lecteurs pour les
livres. Ces bibliothèques ne comprenant, dans chaque séminaire,
que les ouvrages tout à fait spéciaux, arrivent assez vite à former
un fonds très suffisant. Elles s'alimentent à des degrés divers par
des mises de fonds du gouvernement, par des allocations annuelles,
par les cotisations des élèves, par les dons personnels que leur
font beaucoup de professeurs. Pour les travaux les plus importants, on a, à Berlin, les ressources de la Bibliothèque royale, qui,
moyennant certaines formalités assez faciles, prête libéralement
ses trésors. D'ailleurs, en général, comme dans nos bibliothèques
universitaires françaises, les bibliothèques se prêtent sur demande tous les ouvrages rares : ce service d'échange fonctionne
régulièrement entre l'Allemagne et l'Autriche.

Il semble extraordinaire que, même dans une petite bibliothèque, il n'y ait aucune surveillance : aussi ne fait-elle pas absolument défaut, mais elle est toute morale. Elle consiste d'abord dans
les égards qu'on se doit entre camarades faisant partie d'un même
groupe, et l'on sait combien est fort en Allemagne cet esprit de
groupe; ensuite, elle résulte de la présence assez fréquente d'un
étudiant approchant plus particulièrement le professeur, qu'on
appelle le *famulus*, ou d'une sorte de chef du séminaire qui prend
le titre de *senior*.

Dans les grands séminaires, on trouve assez souvent, à côté du
professeur-directeur, un sous-directeur qui, à certains jours, se
rend au séminaire, et s'y tient à la disposition des étudiants pour
toutes les communications : demandes, achats de livres, renseignements bibliographiques, appréciation d'un travail, etc. A Berlin,
c'était le Dr Hœniger, qui nous a paru un esprit ferme, net, d'un
savoir étendu. A Leipzig, nous trouvions le Dr Lotz (aujourd'hui

professeur à Munich), spécialiste distingué dans les questions de
banque, de monnaie, de commerce, élevé aussi à l'école de Brentano dans la connaissance approfondie des questions ouvrières.
Dans les fréquents rapports que nous avons eus avec lui, nous
l'avons toujours trouvé d'une complaisance inaltérable, d'une éru-
dition absolument sûre : nous sommes heureux de lui exprimer ici
notre reconnaissance des services qu'il nous a rendus et de la façon
cordiale dont il en a toujours usé envers nous.

Mais, à Leipzig, on trouvait au séminaire, aussi souvent que le
sous-directeur, le directeur Brentano, qui, tous les jours, venait
passer une heure dans le cabinet directorial. Là, chacun pouvait
interviewer ce merveilleux causeur, et, de son étincelante conversation remporter des aperçus, des portraits, des mots à l'emporte-
pièce, le dessous de ce qui se dit au cours, l'appréciation sponta-
née et suggestive des hommes et des choses. A Strasbourg, c'est,
paraît-il, le même système : le professeur Knapp travaille au séminaire une grande partie de la journée, et ses élèves peuvent, sans
crainte, le déranger de son travail pour lui communiquer le leur.
A Tübingen, M. Neumann, qui possède une immense collection de
statistique recueillie à grands frais, réunit chez lui ses élèves et
travaille avec eux aux dépouillements, aux moyennes, et autres
opérations de cette ingrate mais utile discipline.

On le voit, malgré quelques traits généraux, ici, comme dans
tout l'enseignement, règne une grande variété, et chacun peut,
suivant son tempérament, poursuivre son œuvre, sans être gêné
par un règlement uniforme.

Il s'est ainsi formé en Allemagne quelques séminaires célèbres
revêtant et accusant la personnalité et la spécialité de leurs directeurs. Ainsi celui de Schmoller est réputé pour les travaux historiques; nous avons vu des historiens le suivre à l'égal de celui
de Mommsen. Celui de Wagner est plus particulièrement connu
pour les questions de banque, de monnaie, de crédit; celui de Brentano, pour les questions ouvrières, l'actualité; celui de Conrad,
pour les questions agraires modernes et la statistique; celui de
Knapp, pour l'histoire des classes rurales.

Il nous a paru que quelques listes des sujets donnés dans ces
séminaires en indiqueraient bien l'esprit et les différences, et com-
pléteraient l'esquisse que nous avons tracée ailleurs de la personnalité scientifique de leurs directeurs.

Berlin. A. *Séminaire de Schmoller.* (*Semestre d'hiver de 1890-91.*)

1º Constitution comparée de l'armée autrichienne et de l'armée française, du xvie au xixe siècle [1]; 2º les caisses de secours en France; 3º analyse du *capital*, de Marx; 4º l'émancipation des paysans en Allemagne, d'après Knapp; 5º Frédéric-Guillaume Ier et le *General-Direktorium;* 6º la coopération (*Genossenschaftswesen*) au xviiie siècle en Allemagne; 7º les corporations à Cracovie à la fin du moyen âge; 8º le socialisme aux États-Unis; 9º l'organisation matérielle du travail dans une fabrique de Chemnitz; 10º les caisses de prêts en Allemagne au xixe siècle; 11º l'administration domaniale prussienne au xviiie siècle; 12º la crise du Zollverein en 1851; 13º les routes commerciales en Allemagne au xviiie siècle.

On voit qu'une bonne moitié de ces travaux est purement historique. Quand ils ont une valeur sérieuse, ils sont insérés dans un recueil spécial dirigé par Schmoller, qui a pour titre *Forschungen.* Il paraît depuis 1878. Quelquefois aussi, dans ce séminaire, on lit un des grands ouvrages historiques du directeur, par exemple *Die Strassburger Tücher-und Weberzunft,* et Schmoller interrompt la lecture par des questions, des éclaircissements, l'apport et l'étude des documents.

B. *Séminaire de Wagner.* (*Semestre d'été de 1890-91.*)

1º La question des dommages-intérêts, traitée au point de vue économique; 2º le fondement de la propriété privée; 3º la question de la dette considérée économiquement par rapport à la question monétaire et au procès des coupons autrichiens; 4º théorie de la rente, principalement de la rente foncière, dans ses rapports avec le développement de la notion de la rente; 5º question de la *valuta* autrichienne; 6º propriété communale en Russie, dans ses rapports avec le progrès de l'économie agricole [2]; 7º la *Zadruga*, la grande famille serbe ou la *Hauscommunion;* 8º théorie et technique de la statistique commerciale; 9º la question de l'étatisation du sol (*Verstaatlichung*) dans les grandes villes; 10º l'exploitation des métaux précieux en Afrique; 11º l'impôt militaire; 12º la question des nouveaux traités de commerce, particulièrement des tarifs, dans ses rapports avec la clause de la nation la plus favorisée; 13º l'impôt unique, agitation à ce sujet aux États-Unis.

Leipzig. *Séminaire de Brentano.* (*Quelques sujets du semestre d'été de 1891.*)

1º Sur l'introduction du tarif douanier allemand, relativement aux céréales; 2º le tunnel du Gothard et son influence sur le commerce et les com-

[1] Le conférencier était un ancien officier.
[2] Cette question fut soigneusement traitée par notre ami le Dr Gutschkoff, de Moscou : la lecture et la discussion prirent plusieurs séances.

munications internationales; 3° la conversion de la dette anglaise, par Goschen; 4° Richard Jones et la théorie de la rente foncière d'Anderson et de Ricardo.

Halle. *Séminaire de Conrad. (Semestre d'hiver de 1886-87[1].)*

1° Sur le budget des particuliers (2 séances); 2° histoire et critique de la rente foncière (2 séances); 3° discussion sur la première excursion à la fabrique de gâteaux au miel et de chocolats; 4° le développement de l'élevage des bestiaux en Prusse, de 1816 à 1833 (2 séances); 5° discussion sur l'excursion à la fabrique de sucre à Trotha; 6° le travail dans les prisons au point de vue économique; 7° le principe fondamental de l'économie politique, et son rapport avec la notion du besoin; 8° causerie sur l'excursion à la maison de correction; 9° description des établissements de crédit agricole en Prusse; 10° histoire et développement de l'industrie des cordonniers (2 séances); 11° vues économiques de A. Hamilton; 12° sur les Universités américaines; 13° l'impôt sur le revenu en Saxe, Angleterre, Prusse; 14° les idées économiques de Turgot; 15° les hautes et moyennes écoles aux États-Unis.

Strasbourg. *Séminaire de Knapp* (nous donnons la liste de quelques-uns des sujets publiés dans le recueil spécial des *Abhandlugen*. Nous devons cette note à l'obligeance de M. Knapp).

1° La situation des paysans en Alsace (*die bauerlichen Verhältnisse in Elsass*), d'après la description de trois villages; 2° la situation des tisserands à domicile, dans le Weilerthal (*die Lage der Hausweber*); 3° l'économie coloniale hollandaise dans les colonies bataves (*Battaländer*); 4° la naissance de la protection agricole en Angleterre; 5° l'industrie du coton dans la Haute-Alsace et ses ouvriers; 6° la ruine de la condition paysanne et le triomphe des biens seigneuriaux; 7° propriétaire seigneurial et paysans en Livonie aux xvii° et xviii° siècles; 8° colonisation intérieure au nord-ouest de l'Allemagne; 9° propriétaire seigneurial et paysans dans la Saxe électorale; 10° la régularisation des rapports fonciers, seigneuriaux et paysans en Bavière.

CHAPITRE II.
Particularités propres aux divers États.

Malgré la variété qui règne en Allemagne à raison des règles propres à chaque Université, nous avons pu indiquer quelques traits généraux de l'enseignement économique : de même pour chaque pays, et sous semblable réserve, on peut signaler quelques

---

[1] M. Conrad astreint les membres du séminaire, à tour de rôle, à rédiger sur un registre le procès-verbal des séances. Il y gagne d'avoir des archives fort bien tenues, et d'accoutumer ces jeunes gens à se rendre compte de ce qu'ils ont entendu.

particularités qui le caractérisent. Elles portent principalement
sur deux points : la Faculté chargée d'enseigner l'Économie Politique et la sanction de cet enseignement.

I. **Prusse.** — En Prusse, nous l'avons dit, l'Économie Politique
est enseignée dans la Faculté de Philosophie, qui recueille les
sciences les plus diverses. Nous savons aussi que, dans le sein de
cette Faculté, les Sciences d'État (au sens large du mot) sont par-
venues à former un groupe distinct (*Staats-Cameral-und Gewerbe-
Wissenschaften*). Mais naturellement ce système bâtard doit trahir
ses défauts quelque part, et c'est dans la sanction du cours que
nous les trouvons. L'idée fondamentale des Universités prussiennes, et même allemandes, fait de ces corps simplement des
foyers scientifiques. Le diplôme qu'elles délivrent, diplôme de
docteur, est purement universitaire et honorifique. Lorsqu'on veut
embrasser une carrière, il faut subir devant d'autres juges, même
sur les matières semblables, plusieurs examens indépendants du
doctorat. On les appelle examens d'État. Ce qu'on apprend à
l'Université peut donc assez souvent servir aux deux examens,
et, par suite, il y a une double sanction possible de l'assiduité et
du travail, l'une universitaire, qui résulte de l'examen de doctorat, l'autre extra-universitaire, qui résulte des examens d'État.
En ce qui concerne l'Économie Politique, cette double sanction est
des plus faibles.

A. *Sanction universitaire.* — On sait que, pendant tout son
temps d'études (six semestres), l'étudiant prussien peut arranger
à sa guise, l'ordre de ses travaux, qu'aucun examen ne vient le
contraindre à suivre un plan méthodique. L'examen du doctorat
seul donnera lieu à quelques interrogations. C'est le principe, cher
aux Allemands, de la liberté d'apprendre, dont on a pu dire avec
raison autant de bien que de mal, peut-être cependant un peu plus
de mal que de bien[1].

Le diplôme qu'obtiendra l'étudiant en sciences politiques
(*Staatswissenschaften*) est celui de docteur en philosophie. Les
règles de ce doctorat sont les suivantes[2] : production du certi-

---

[1] Voy. Blondel, *De l'enseignement du droit dans les universités allemandes*,
p. 67, et *La Réforme des études juridiques en Allemagne* (*Revue intern. de
l'enseign. supérieur*, 15 janv. 1887).

[2] *Grundsätze und Bedingungen der Ertheilung der Doctorwürde*, etc., von
Dr Max Baumgart. Berlin, 1888, 3e édit.

ficat de maturité pour l'entrée à l'Université, demande écrite de subir l'examen, attestation de ou des Universités où il a fait ses études permettant d'établir le nombre de ses semestres. A cet effet, l'étudiant est muni d'une feuille spéciale, espèce de livret universitaire, où sont consignés les cours qu'il a suivis, avec mention de l'assiduité, attestée par la signature du professeur. Puis vient l'autorisation de subir l'examen, et la présentation en manuscrit d'une thèse, que l'auteur affirme avoir composée lui-même. Le manuscrit est examiné par la section compétente de la Faculté. S'il est approuvé, le candidat subit l'épreuve orale qui porte sur trois matières, une sur la matière d'où a été pris le sujet de la thèse, les deux autres sur des sciences connexes. Dans quelques Universités, appliquant cette idée que le diplôme est un diplôme de Philosophie, on exige une interrogation de philosophie. Quant aux sciences connexes, tantôt elles sont désignées par le candidat sous réserve d'approbation de l'autorité supérieure, tantôt le règlement lui-même les indique. Mais le droit, même d'État ou administratif, ne peut-être choisi. La statistique, à Berlin, n'est pas considérée comme branche spéciale. Il en est différemment ailleurs[1].

Si le candidat passe avec succès cet examen oral, il peut soutenir sa thèse, qu'il a pris soin de faire imprimer dans l'intervalle. Cette soutenance est purement d'apparat. Il a généralement pour opposants trois amis, qui, après une courte discussion, ne manquent pas de s'avouer vaincus, et le bureau, après quelques éloges, prononce solennellement sa promotion au grade de docteur.

Les thèses, soit comme volume, soit comme valeur scientifique, sont, en général, bien inférieures à nos thèses de docteur en droit, et, sous ce rapport, il est bon de redresser l'opinion publique française, trop sévère pour nous-mêmes. Il ne peut guère du reste, en être autrement. On voit facilement que, eu égard au temps d'études, la thèse de doctorat allemand correspond à notre ancienne thèse de licence. On remarque toutefois que ces épreuves, portant exclusivement sur les sciences économiques, exigent une préparation spéciale assez sérieuse.

Il faut expliquer maintenant pourquoi nous avons dit plus haut que la sanction universitaire était insuffisante. Cette sanction

[1] Baumgart, *op. cit.*, p. 175.

est insuffisante, non point pour ceux qui s'y soumettent, mais parce que la plupart des étudiants n'ont pas d'intérêt à s'y soumettre. Sans doute le titre de docteur est honorifique, mais encore y a-t-il des carrières où cet honneur procurera de l'avancement. Le docteur en philosophie pour la philologie deviendra plus facilement professeur de gymnase, le docteur en philosophie pour les sciences naturelles également : de même l'historien; de même le docteur en théologie en profitera dans sa carrière ecclésiastique[1]. Le docteur en philosophie pour les sciences d'État ne peut utiliser son titre que s'il entre dans les carrières juridiques : or, c'est alors le diplôme de docteur en droit qui est le plus utile. C'est donc celui-ci que la grande masse essaie d'obtenir, c'est à la Faculté de Droit qu'elle se fait inscrire, et il n'y a que quelques rares travailleurs qui, inscrits aux deux Facultés, poursuivent à la fois les deux diplômes.

B. *Sanction extra-universitaire.* — Nous venons de dire que c'est aux étudiants en Droit surtout que peut profiter l'étude des sciences économiques. Et toutefois, comme ces sciences font partie de la Faculté de Philosophie, ni leur thèse, ni leurs interrogations d'examen ne peuvent les avoir pour objet. Pour eux donc, ces enseignements n'ont point de sanction universitaire. Cependant la majeure partie des auditeurs des cours d'Économie Politique se recrute chez les étudiants en Droit. Pourquoi? Parce que, à défaut de la sanction universitaire, il en existe du moins une extra-universitaire, très faible il est vrai; et surtout, parce que la connexité des deux disciplines, vivement ressentie par les esprits, est aujourd'hui passée dans la tradition.

En quoi consiste cette sanction extra-universitaire? Elle consiste dans les examens d'État.

Il faut distinguer dans les examens d'État ceux donnant accès aux carrières judiciaires, ceux donnant accès aux carrières administratives. Les deux carrières ont un premier examen commun, le *Referendar-Examen*. C'est dans celui-là, principalement, que réside notre sanction. Il se compose : 1° d'une épreuve écrite portant sur une matière de droit; 2° d'une épreuve orale portant, entr'autres matières, sur les éléments de l'Économie Politique.

---

[1] Le doctorat en théologie n'est le plus souvent conféré que *honoris causâ :* la plupart des théologiens protestants ne sont que de simples licenciés.

Malheureusement, ces éléments d'Économie Politique se trouvent perdus au milieu de douze autres matières, et, en outre, les examinateurs, presque toujours des magistrats de carrière[1], se trouvent dépourvus de compétence spéciale et ne posent guère que des questions superficielles, ou de législation plutôt commerciale qu'économique. Ce qu'il y a de plus sérieux est encore la remise préalable entre les mains du jury du livret qui contient la liste des cours suivis par le candidat et le témoignage de son assiduité. Les candidats qui ont avec succès subi cet examen deviennent référendaires.

Nous ne pouvons les suivre dans le stage auquel ils sont soumis. Ce n'est pas l'objet de notre étude, et, du reste, nous ne pourrions que répéter ce qu'a déjà si bien exposé notre collègue M. Blondel, à l'ouvrage duquel nous devons renvoyer le lecteur (*De l'enseignement du Droit dans les Universités allemandes*, p. 52 et suiv.). Contentons-nous de dire ici qu'après deux ans de stage auprès des tribunaux judiciaires, une bifurcation s'opère entre les référendaires candidats aux emplois judiciaires (magistrats, notaires, avocats, avoués) qui restent à la justice, et les candidats aux emplois administratifs, qui font encore un stage auprès des diverses autorités administratives. Deux ans après cette bifurcation, les premiers subiront l'examen de *Justiz-Assessor,* les autres celui de *Regierungs-Assessor* (qui n'est pas du reste absolument indispensable). Dans aucun de ces examens nous ne retrouvons l'Économie Politique. Même dans l'examen de *Regierungs-Assessor,* les épreuves portent sur des matières tout à fait techniques, où les études scientifiques antérieures n'ont d'autre utilité que d'avoir donné au candidat une discipline générale et le sentiment des rapports organiques de toutes les fonctions sociales. Dans ces deux examens les professeurs sont absents du jury, uniquement composé de hauts fonctionnaires.

Dans les grandes Universités, ce défaut presque absolu de sanction n'est pas trop sensible. Dans les petites, on s'en plaint amèrement. Il prive le maître d'un nombre important d'élèves. En revanche, le professeur débarrassé de la perspective de l'examen est plus libre dans le choix et le développement de ses sujets,

[1] Théoriquement, rien ne s'oppose à ce que les membres de ce jury soient pris dans les Universités, mais telle n'est pas la pratique.

et nous avons déjà fait remarquer qu'en général, dans le Nord, en
Prusse, l'allure du cours est plus dégagée, plus scientifique; que
dans le Sud au contraire, où dominent les préoccupations pratiques, on étudie les principes économiques moins en eux-mêmes
que dans la législation.

II. **Saxe.** — C'est encore dans la Faculté de Philosophie que se
trouve, en Saxe, l'enseignement des *Staats-und Cameralwissenschaften.* Mais la sanction est plus sérieuse qu'en Prusse. Nous ne
parlons pas de la sanction universitaire : nous n'avons guère qu'à
reproduire ici ce que nous avons dit pour le doctorat en Prusse.
Le sujet de la thèse portant sur l'Économie Politique, les deux
autres interrogations à l'oral portent sur des matières choisies
par le candidat, sous l'approbation du pro-chancelier[1]. Nous visons
la sanction extra-universitaire.

En Saxe, comme en Prusse, nous trouvons le *Referendar-Examen,* et la bifurcation qui le suit. Mais, à la différence de la Prusse,
le jury est composé de professeurs de l'Université réunis à cet
effet en commission extra-universitaire. Dans ce jury siègent des
juges de différentes Facultés, le professeur d'Économie Politique,
qui appartient à la Faculté de Philosophie, avec des professeurs
de Droit. Or, c'est déjà tout autre chose même pour le droit d'avoir
affaire à un magistrat ou à un spécialiste, à plus forte raison dans
notre science. De ce chef donc l'étudiant est plus fortement stimulé
à suivre le cours du professeur qui l'interrogera à l'examen.

Cet examen se compose de deux parties, l'épreuve écrite et
l'épreuve orale. A l'époque où parut l'ouvrage de M. Blondel
1888), l'épreuve écrite comprenait trois travaux ; l'un devait être
le commentaire d'un texte pris dans le *Corpus juris;* les deux
autres portaient sur d'autres branches de la science, y compris
l'Économie Politique[2]. Cette dernière matière revenait environ
tous les cinq semestres. Aujourd'hui, depuis une décision minis-
térielle prise durant le semestre d'été de 1890-91, l'examen écrit
porte exclusivement sur des espèces à résoudre d'après le droit en
vigueur. Cette tendance pratique diminuera évidemment dans
une certaine mesure, aux yeux des candidats, l'importance de
tous les autres enseignements.

---

[1] Baumgart, *op. cit.,* p. 188, n° 13.
[2] *Op. cit.,* p. 48.

Quant à l'épreuve orale, elle donne lieu, comme en Prusse, à un très grand nombre d'interrogations. Il semblerait que, comme cela arrive chez nous, le candidat dût avoir assez souvent la tentation d'en sacrifier absolument quelques-unes pour se rattraper sur les autres. Mais les conséquences d'un échec sont plus graves que chez nous. On ne peut, en principe, se représenter qu'une fois et après un nouveau semestre d'études passé à l'Université.

Nous avons assisté à un de ces examens. Les professeurs interrogeaient quatre candidats à la fois, posant parfois la même demande ou successivement ou collectivement à tous, ou posant des questions distinctes; c'est ainsi qu'on procède aujourd'hui dans nos examens de licence en droit. La durée de l'interrogation est d'une demi-heure pour les quatre candidats. Un délégué du gouvernement surveille les interrogations, assiste aux délibérations : sa présence est une garantie contre les divers abus qui pourraient se commettre par trop de sévérité ou d'indulgence. Nous avons noté le caractère pratique des questions d'économie politique : crédit, crédit agricole, sociétés de crédit, etc.

Quant au deuxième examen d'État, tant de *Justiz-Assessor* que de *Regierungs-Assessor*, nous n'avons qu'à répéter ce que nous avons dit pour la Prusse.

III. **Reichsland** (Alsace-Lorraine). — A Strasbourg nous commençons à noter le rapprochement des sciences économiques et juridiques. Une Faculté unique les reçoit toutes deux, la *Rechts- und Staatswissenschaftliche Facultät*.

Et toutefois nous pouvons presque reproduire ce que nous avons dit de la sanction universitaire en Prusse et en Saxe. En effet, la Faculté est comme double, elle décerne deux diplômes parfaitement distincts, le diplôme de docteur *juris utriusque* et celui de docteur *rerum politicarum*. Remarquons cependant que l'examen oral pour l'obtention de ce dernier diplôme, porte sur l'Économie Politique, la Science des Finances et la statistique, mais aussi sur la Science de l'État et le droit de l'État (*Staatslehre und Staatsrecht*).

Le régime, l'utilité, les suites des examens d'État sont les mêmes qu'en Prusse.

IV. **Grand-Duché de Bade.** — L'Économie Politique est enseignée à la faculté de Philosophie.

L'Université d'Heidelberg fait mention sur le diplôme de doc-

teur en Philosophie de la science à laquelle se rattache le sujet
de la thèse. Et, parmi les disciplines qui peuvent être choisies
par le candidat comme matière d'interrogation à l'examen oral,
nous trouvons le droit d'État, le droit des gens, le droit administratif, la théorie générale de l'État, la politique, la science de
l'administration [1].

V. **Bavière.** — La Bavière possède trois Universités dont
chacune, en ce qui concerne notre science, a un régime propre.
A Erlangen, l'Économie Politique est enseignée, comme en Prusse, à
la Faculté de Philosophie; nous renvoyons à ce que nous avons dit
de ce pays. A Munich, il y a une faculté spéciale, la *Staatswirths-
chaftliche Facultät* Elle délivre un diplôme particulier, et les interrogations ne portent guère que sur des questions domaniales
ou économiques. Toutefois, quand le sujet de la thèse est sur une
matière domaniale, une des trois interrogations de l'examen oral
doit appartenir aux sciences d'État [2].

L'Université de Würzbourg nous paraît plus favorable à une
union intime du Droit et de l'Économie politique. Ces deux
sciences sont enseignées dans la même Faculté, la *Rechts-und
Staatswissenschaftliche Facultät*. Cette Faculté délivre, il est vrai,
comme celle de Strasbourg, des diplômes distincts; mais, d'une
part, une facilité est accordée aux étudiants qui veulent conqué-
rir d'un seul coup les deux diplômes (ils peuvent prendre le sujet
unique de leur thèse, soit dans le Droit, soit dans l'Économie Politique [art. 15 des statuts]); d'autre part, l'examen oral pour le
doctorat *rerum œconomico-politicarum* porte, en même temps que
sur l'Économie Politique, la politique économique et la science
des finances, sur la science de la police, le droit constitutionnel
et administratif et le droit des gens, et leur histoire. Enfin, et
ceci est ce qu'il y a de plus remarquable, les candidats au doctorat en droit rencontrent à l'examen oral (de deux heures) l'Économie Politique, comme les candidats au doctorat économique
ont trouvé le Droit d'État.

Notons, du reste, que dans les deux doctorats une sévère
épreuve écrite précède l'examen oral et la thèse [3].

[1] Baumgart, p. 161.
[2] Baumgart, p. 212.
[3] Les étudiants qui ont obtenu un prix à la Faculté peuvent présenter leur
mémoire en guise de dissertation inaugurale (§ 5).

On voit que, du moins dans cette Université, la sanction universitaire de l'assiduité au cours d'Économie Politique s'applique
à ceux auxquels elle est utile et ne manque pas d'énergie.

D'ailleurs dans toute la Bavière, comme dans le reste de l'Allemagne, le doctorat ne constitue qu'une distinction honorifique
et ne dispense nullement des examens d'État.

Ces examens, au nombre de deux, ainsi qu'en Prusse, ne sont
pas soumis aux mêmes règles.

Le premier ne peut être subi qu'à l'expiration complète des
études de droit qui, en Bavière, est de quatre ans. Le jury, comme
en Saxe, est composé de professeurs sous la surveillance d'un délégué du gouvernement. Le professeur d'Économie Politique en
fait partie. Nous avons vu subir ces examens à Würzbourg et à
Munich, et nous notons la pratique inhumaine de faire passer
sans interruption le candidat d'interrogation en interrogation pendant les deux heures que dure l'examen. Saurait-il admirablement, il nous paraît difficile que le cerveau du malheureux reste
lucide jusqu'à la fin : qu'est-ce donc s'il a mal répondu dès le
début ?

A cet examen succède un stage de trois ans, après lequel on est
autorisé à subir le second, appelé *Concurs*. Ce dernier examen
ouvre à la fois l'entrée des deux carrières administrative et judi-
ciaire. Le bureau se compose de hauts fonctionnaires; le caractère des questions et des épreuves est tout à fait technique. L'É-
conomie Politique n'y peut apparaître que sous la forme appliquée.

VI. **Würtemberg.** — L'Économie Politique est enseignée dans
une Faculté spéciale, le *Staatswissenschaftliche Facultät*.

Cette Faculté délivre un diplôme qui lui est propre. Outre la
thèse, le candidat doit subir un examen oral, et même un examen
écrit, si cela paraît nécessaire.

L'examen oral porte en règle sur quatre matières obligatoires
qui sont : l'Économie Politique (théorique et pratique), la Science
des Finances, le droit d'État général, la Science de l'Administration.

Nous ne trouvons dans les programmes d'examen oral des candidats au doctorat en droit, rien de semblable à ce que nous avons
vu à Würzbourg; mais ce défaut est racheté par la sanction extra-
universitaire.

Pour les examens d'État en effet, le Würtemberg a des règles tout à fait propres. Les trois carrières ouvertes aux étudian's de nos deux Facultés sont celles : de la justice, de l'administration intérieure, du département des finances. A chacune correspond un ordre distinct d'examens d'État.

L'Économie Politique ne figure, à aucun titre, dans le programme des examens d'État pour la justice. Nous n'en parlerons donc pas.

Les examens correspondant à la carrière administrative proprement dite sont au nombre de deux; le premier ne peut être subi qu'après le septième semestre d'études et à Tübingen. Le jury est composé de professeurs de la Faculté de Droit et de la Faculté des Sciences d'État, sous la présidence d'un délégué du ministre de l'intérieur. L'épreuve est double, écrite et orale : les matières du programme sont : le droit privé, le droit pénal, la procédure pénale, la procédure civile, le droit ecclésiastique, le droit d'État, l'économie politique, le droit administratif, la science de l'administration. Le second examen, tout à fait technique, est subi après un an et demi de stage actif, à Stuttgart, devant un bureau composé de conseillers au ministère de l'intérieur.

Enfin, dans le département des finances, nous trouvons aussi deux examens d'État. Le premier est subi à Tübingen; le jury se compose de professeurs de la Faculté des Sciences d'État et de la Faculté de Droit, sous la présidence d'un délégué du ministre des finances, ou, en son absence, d'un des professeurs d'Économie Politique. Le programme comprend : le droit civil, la procédure civile, la procédure pénale, le droit d'État, l'Économie Politique, la science des finances, la législation financière, la science de l'économie agricole, forestière, l'étude des questions industrielles (*Gewerbskunde*), la science de l'administration.

Le second examen d'État a lieu à Stuttgart, devant un bureau composé de conseillers au ministère des finances.

VII. Autriche. — Le système autrichien se rapproche davantage du système français pour la licence.

L'Économie Politique est enseignée à la Faculté de Droit.

Les Facultés constituent non seulement des foyers scientifiques, mais encore des écoles d'État, et leurs diplômes ouvrent l'accès aux carrières. Les études durent huit semestres : certains cours sont obligatoires, notamment un cours de philosophie générale. L'étudiant doit être inscrit pour un *minimum* de dix leçons par semaine.

Trois examens dits *Rigorosa* dans le sein de la Faculté sont nécessaires pour obtenir le titre de docteur en droit [1]. Il n'y a pas de
thèse de doctorat. A côté des *Rigorosa* nous trouvons des examens
d'État. Le premier (*Rechtshistorische Staatsprüfung*) porte sur le
droit romain, le droit canon, le droit allemand envisagé au point
de vue historique, mais — si je puis m'exprimer ainsi — au point
de vue historique pratique, comme origine du droit actuel. Ce premier examen d'État est placé à la fin de la deuxième année. Il est
indispensable de l'avoir subi pour pouvoir s'inscrire comme étudiant de troisième année. Mais à partir de ce moment on a le choix
ou de ne subir que les deux autres examens d'État, et alors on est
déclaré apte seulement aux carrières d'État, ou de ne subir que
les trois *Rigorosa,* et alors on obtient le grade de docteur qui donne
tout autant accès aux carrières d'État, et, en outre, est nécessaire
pour devenir avocat ou *privat-docent.*

Le second examen d'État (*Judizielle Staatsprüfung*) comprend le
droit civil autrichien, le droit commercial et le droit de change, la
procédure civile et criminelle autrichiennes, le droit pénal.

Le troisième examen (*Staatswissenschaftliche Staatsprüfung*) a
pour objet le droit d'État général et autrichien, le droit des gens
et l'économie politique (économie politique, statistique et science
des finances).

Le premier examen d'État est placé nous venons de le voir à
la fin du quatrième semestre; le deuxième au plus tôt dans les six
dernières semaines du huitième semestre d'étude; le troisième
après l'expiration complète de la période quadriennale d'étude.
Les *Rigorosa* portent, sauf la statistique, sur les mêmes sujets que
les examens d'État. L'ordre n'en est pas déterminé. Le bureau des
Rigorosa est composé de professeurs. Celui des examens d'État
de juges, hauts fonctionnaires et professeurs. Le Parlement autrichien est saisi d'un projet de loi qui remanie profondément le
doctorat, et le dépouille de sa valeur actuelle pour les emplois
publics.

[1] Baumgart, *op. cit.*, p. 306, et Blondel, *op. cit.*, p. 67.

TROISIÈME PARTIE.

Comparaison avec le système français.

Lorsqu'on étudie leur esprit on peut qualifier l'École allemande d'École historique-réaliste-éthique; l'École autrichienne, d'École psychologique-analytique[1]; mais l'École française, comment la définir? Et d'abord, y a-t-il une École française?

Pour répondre à cette question, nous devons faire une distinction entre les économistes qui s'occupent de statistique ou de science des finances, et ceux qui se consacrent à l'économie politique.

Il n'y a point chez nous de statistique orthodoxe, de science des finances orthodoxe : il y a de la bonne et de la mauvaise statistique, de la bonne et de la mauvaise science des finances, ce qui devrait être la seule distinction reconnue. Mais il y a une Économie Politique orthodoxe. D'où vient cette différence? Peut-être de ce que, les pères de l'économie politique ayant peu ou mal traité de ces matières, on n'a pas osé en faire un catéchisme; peut-être de ce que la nature même de ces sciences a rebuté les amateurs de savoir tout fait et de formules à placement universel.

Quoi qu'il en soit, débarrassées des non-valeurs bruyantes, ouvertes à tous les travailleurs, libres dans leurs mouvements, ces deux disciplines ont vu s'épanouir les grandes qualités du génie français : l'ordre, la clarté, la finesse, le bon sens. Les ouvrages des Clamageran, Stourm, Leroy-Beaulieu, Levasseur, de Foville, Cheysson, sont universellement utilisés et admirés, en Allemagne peut-être plus qu'ailleurs.

En Économie Politique, au contraire, nous trouvons une École puissante, sectaire, orgueilleuse, qui, depuis les Physiocrates, domine la science française et traite en ennemi quiconque ne lui rend pas hommage. Par le sarcasme, plus souvent encore par la conspiration du silence, elle a étouffé des hommes comme Dupont-White et Cournot, et, si le père de la science sociale, Auguste Comte, est connu dans sa propre patrie, c'est à quelques philo-

[1] Voy. notre Première partie, p. 3-44.

sophes — surtout anglais — qu'il le doit, mais non aux économistes de son pays [1].

Il est utile pour l'étude que nous entreprenons ici de caractériser cette École par ses traits principaux.

Sur la conception fondamentale de l'objet de la science nous la trouvons en désaccord absolu avec l'École historique. Elle ne se propose aucunement d'établir des types sociaux, d'en faire l'anatomie et la physiologie, d'en suivre l'évolution. Elle est individualiste. En dépit de ses réserves ou protestations, elle n'est pas nationale mais universelle, elle sacrifie la nation à l'humanité; c'est sa grandeur et sa faiblesse. Son point de vue est purement statique. La liberté, l'atomisme qui caractérisent la période de 1776 à 1860 lui semblent l'état normal. Elle considère comme un cauchemar inexplicable le long *processus* historique, le martyrologe qui y a abouti. Elle se refuse à admettre que cet état ne soit qu'une étape dans une incessante évolution.

Sa méthode est principalement [2] la méthode déductive. Elle suppose des êtres également déterminés par l'égoïsme, également éclairés par la raison, possédant, en vertu du droit naturel, les uns, les instruments de production, les autres, leurs bras seulement, et elle déduit comme des règles nécessaires les résultats de leur libre concurrence. L'histoire, la statistique servent d'illustrations après coup à des théories conçues sur ces axiomes, au lieu de fournir les bases sur lesquelles seront construites les théories.

En politique économique, l'École est optimiste et très favorable au capital [3]. La foi dans la vertu et la bienfaisance de celui-ci, telle est sa pensée dominante. Ses luttes pour la liberté individuelle, son dédain marqué pour toute tentative de supprimer le salariat, sa tiédeur pour la coopération, son hostilité envers l'assistance publique, sa haine contre l'État, même ses rares complaisances pour celui-ci en matière de colonisation, tout vient de

---

[1] Son crime est d'avoir écrit quelques passages dans le genre de celui-ci : « Toute étude isolée des divers éléments sociaux est, par la nature de la science, profondément irrationnelle, et doit demeurer stérile, à l'exemple de l'économie politique. » Cpr. Espinas, *Histoire des doctrines économiques*, p. 315.

[2] Notons cependant une heureuse exception dans le groupe qui suit l'inspiration de M. Leroy-Beaulieu (Journal *l'Économiste*).

[3] Cpr. Gide, *The economic Schools and the teaching of political economy in France; (Political Science Quarterly.* Vol. V, n° 4, 1890).

là, tout s'y ramène. Lorsque les maux du système capitalistique
n'étaient pas évidents, elle les niait; plus tard elle plaidait la
période chaotique. Tant que les théories classiques sur le salariat
furent acceptées sans révolte, elle les garda. Lorsqu'elles furent
convaincues de barbarie, ce n'est pas le salariat qu'elle eut l'idée
d'améliorer : elle préféra changer les théories [1].

Il n'est pas jusqu'à son attitude vis-à-vis des autres Écoles qui
ne décèle ce caractère. A côté de l'École orthodoxe, nous trouvons
en France deux Écoles chrétiennes : l'École de Le Play; celle de
M. de Mun. Toutes deux sont inspirées de la morale évangélique
la plus pure, toutes deux déplorent les maux dont souffre la classe
ouvrière, critiquent l'organisation actuelle, y cherchent des
remèdes. Elles devraient donc, semble-t-il, être également antipa-
thiques à l'École orthodoxe. Il n'en est rien. Toutes les colères
sont réservées pour M. de Mun. Pour l'École de Le Play au contraire, quoiqu'elle pratique la méthode historique, tant raillée
chez les Allemands, on a des égards, des amabilités, presque des
tendresses. D'où vient cela? C'est que M. de Mun ne croit pas à la
bienfaisance du capital. Il ne le juge pas capable de guérir de lui-
même les maux de la société, et veut l'y forcer par l'intervention
de l'État. L'École de Le Play, au contraire, nourrie de conceptions
romantiques, patriarcales, croit au bon patron, au bon ouvrier,
comme jadis on croyait au bon nègre et au bon planteur. Elle
rêve de résoudre pacifiquement le conflit par une tutelle perpétuelle conférée aux classes dirigeantes, c'est-à-dire capita-
listes. Cela suffisait pour lui attirer les sympathies de l'École
orthodoxe.

Il allait être intéressant, et ceci nous ramène au cœur même
de notre sujet, d'observer l'attitude de l'orthodoxie vis-à-vis de
l'enseignement de nos Universités. C'est à une date relativement
récente, en effet, que, sur les demandes réitérées des économistes,
l'Économie Politique y fut introduite (décret du 26 mars 1877), et,
très logiquement selon nous, placée dans les Facultés de Droit.
Jusqu'alors, elle n'avait été enseignée que dans des établissements,
ou tout à fait techniques ou de très haute culture. (Conservatoire
des arts et métiers, Collège de France). Dès le début, l'École orthodoxe y trouva d'amères déceptions. « Les économistes n'avaient

[1] Cpr. Leroy-Beaulieu, *Essai sur la Répartition des richesses.*

pas douté un seul instant que les nouvelles chaires ne fussent confiées à de véritables économistes, c'est-à-dire à des hommes imbus des saines doctrines et élevés à leur école. Bien plus, ils avaient leurs candidats tout prêts; en fait ils les avaient désignés. On n'avait oublié qu'un point : à savoir que, d'après les statuts universitaires, personne ne peut occuper une chaire dans une Faculté de Droit, sans avoir le titre d'agrégé en droit, ou, tout au moins, dans quelques cas exceptionnels, de docteur en droit. Or, parmi les candidats des économistes, aucun n'était agrégé et deux ou trois seulement étaient docteurs[1].» Les chaires et les cours furent donc confiés à des agrégés des Facultés de Droit. *Sic vos non vobis nidificatis aves.*

Tout n'était point perdu cependant. Il fallait suivre « ces jeunes gens ». Où trouveraient-ils d'autres doctrines que celles de l'École, puisque, à cette époque, l'École orthodoxe monopolisait toute la librairie et toute la presse spéciales, et faisait le vide autour des publications de l'étranger? Où apprendraient-ils ce qu'ils devaient enseigner, puisque tous les maîtres connus étaient de la bonne Église? Quelques-uns en effet des nouveaux professeurs, beaucoup même, et non des moins connus, ou restèrent fidèles, ou se rallièrent à cette École, et l'orthodoxie doit d'autant plus leur en savoir gré, que, n'ayant pas grand'chose à attendre d'elle, ils lui sont venus dans leur pleine indépendance[2]. Mais le mal était dans cette indépendance même, dans le libre examen : il ne pouvait tarder à éclater. Parmi ces juristes habitués à voir évoluer les institutions selon les besoins des époques, respectueux de l'équité, soucieux de l'autorité de l'État, il devait se trouver des hérétiques. « Le professeur d'Économie politique de la Faculté de Paris, M. Cauwès, fut le premier qui publia son cours en 1880. Il nia l'existence des lois naturelles en économie politique, déclara nécessaire de traiter avant tout de la législation économique, et, adoptant le système de List, se montra lui-même un décidé protectionniste. Ce livre causa un immense scandale dans le camp des économistes classiques. Le vénérable *Journal des économistes* en oublia toute réserve et, littéralement, accabla l'auteur d'injures.

[1] Gide, *op. cit.*, p. 630.
[2] Jourdan, *Cours analytique d'Économie Politique*, 1882. Villey, *Traité élémentaire d'Économie Politique*, 1885. Beauregard, *Précis d'Économie Politique*, 1890. Rambaud, *Traité élémentaire et raisonné d'Économie Politique*, 1892.

Des tentatives furent même faites, mais sans succès, pour chasser M. Cauwès de sa chaire. » Puis ce fut un autre hérétique, Ch. Gide, qui, trois ans plus tard, publia ses *Principes d'Économie Politique* (1884), où il critique la concurrence et émet des doutes sur la perpétuité du salariat. Enfin, en 1887, fut fondé un organe périodique indépendant, qui affranchit les économistes de nos Facultés de la censure rigoureuse préalable des directeurs des journaux orthodoxes, et ouvrit ses colonnes à toutes les opinions, y compris celles de l'étranger. La *Revue d'Économie Politique* comptait comme directeurs et collaborateurs presque tous les professeurs d'Économie Politique des Facultés de Droit, sans distinction de doctrines. La rupture était consommée[1].

La tactique de l'École régnante fut alors assez adroite, elle consista à ne point accuser les coups, à n'en jamais parler, de peur que le public ne s'en aperçût. Tout au plus insinuait-on que les nouveaux professeurs n'avaient aucune influence sur le mouvement des idées[2], ou que leur enseignement n'était qu'une vulgarisation sans aucune portée scientifique[3].

Mais ces petites habiletés devaient échouer. Comment admettre que les Universités ne fussent en Économie Politique que des écoles d'enseignement secondaire? Comment, au moment où la France essayait de rallumer ces foyers de haute culture, les aurait-on privés de l'aliment des sciences nouvelles? Comment aurait-on transporté à des établissements sans élèves ou sans élèves réguliers le soin d'étudier les principes chaque jour invoqués, les questions toujours plus aiguës de la science sociale, et réduit les milliers d'étudiants parmi lesquels se recrutera demain la classe dirigeante à ne les connaître que par des catéchismes incolores?

C'est pourquoi le Gouvernement, soucieux de son devoir, ne songea qu'à fortifier cet enseignement, et à le doter des cours auxiliaires qui lui faisaient défaut. Ce fut d'abord la Science Finan-

---

[1] Depuis, un autre organe, le *Monde économique*, journal hebdomadaire libre-échangiste, a été fondé par M. Beauregard, professeur à la Faculté de Droit de Paris (1890).

[2] De Foville, *Quarterly Journal of Economics*, janv. 1890.

[3] Cette opinion a été aussi exprimée dans les très habiles plaidoyers *pro domo suâ* de M. Boutmy, qui, à tant d'autres titres, pourrait être revendiqué comme un des siens par l'école historique (*Revue de l'enseign. supérieur*, 1881, p. 453, note).

cière, qui, dans quelques Facultés, vint s'adjoindre à l'Économie
Politique (Paris, Bordeaux, 1888), puis la Statistique (Bordeaux,
1889). La Science sociale fit, dans une Faculté, l'objet d'un cours
distinct (Faculté des lettres de Bordeaux, 1888). La Science d'État
apparut à la Faculté de Droit de Paris (1890). La Législation
Industrielle fut enseignée dans plusieurs Facultés de province
(Toulouse, Grenoble). Souvent, l'initiative venait des professeurs,
qui, sentant les lacunes du programme, les comblaient d'eux-
mêmes ou avec le secours des municipalités; plus souvent encore
elle venait d'en haut, d'une Direction passionnément éprise des
intérêts de l'enseignement supérieur.

Ce mouvement aboutit à la réforme du programme des Facultés
de Droit commencée en 1890, et qui s'épanouit cette année
même 1892. Elle peut être caractérisée en deux mots : une plus
grande importance donnée au côté historique des anciens enseignements, une place très large faite aux enseignements nouveaux.
Droit constitutionnel, Science financière, Législation industrielle,
Droit international public, Législation coloniale, Droit commercial
comparé; voilà, en effet, autant de cours nouveaux créés ou con-
sacrés, munis de la sanction de l'examen, et qui, peu à peu, ache-
minent nos Facultés à devenir ce qu'elles doivent être, des Facultés
de Droit et de Sciences Sociales.

En même temps qu'il élargissait ainsi le cadre de nos programmes, le gouvernement comprenait fort bien que des réformes
connexes s'imposaient, notamment dans le recrutement des nouveaux professeurs, et, après avis des Facultés, le Conseil supérieur
de l'Instruction publique approuvait, le 2 février 1891, un projet
de réforme de l'agrégation du Droit, appliqué quelques mois après,
au concours du 15 septembre de la même année. Mais déjà cette
réforme a été trouvée trop timide. Dans la voie où l'on s'est en-
gagé il faudra aller jusqu'au bout.

Qu'il nous soit permis, comme couronnement de notre étude,
d'indiquer quelques points sur lesquels on pourra s'inspirer du
système allemand — bien entendu avec tous les tempéraments que
comportent les différences historiques et autres de deux nations
si opposées.

Notre attention se portera principalement sur trois points : le
recrutement des professeurs, les cours et les séminaires, la sanction des études économiques.

§ 1. *Recrutement.* — Nous venons de voir comment l'enseignement de nos Facultés a été sauvé du joug de l'École orthodoxe. Reconnaissons à présent que les plaintes et les critiques de celle-ci étaient en soi parfaitement fondées. C'a été un grand bien que des juristes et des historiens vinssent affranchir les esprits de la méthode déductive, de l'individualisme effréné du *Journal des Économistes,* mais il ne faudrait pas pousser trop loin le paradoxe et faire perpétuellement enseigner l'Économie Politique par des civilistes et des romanistes. Au début il s'agissait de vivre et de percer, aujourd'hui on doit s'organiser. On sera stupéfait plus tard de constater que, pendant quinze ans, rien, absolument rien ne garantissait qu'un chargé de cours, ou même un professeur d'Économie Politique de nos Universités, eût lu un seul livre de la science qu'il était appelé à enseigner. Heureusement, dans le camp libéral on n'avait lu que Bastiat, ce qui rétablissait l'équilibre.

Les professeurs d'Économie Politique ne pouvaient être pris que parmi les agrégés des Facultés de Droit; et pas une épreuve au concours d'agrégation ne portait sur l'Économie politique, pas un travail spécial postérieur ou antérieur n'était exigé, le hasard ou l'ancienneté distribuaient les cours et les chaires.

La réforme s'imposait donc; comment doit-elle se faire? Nous ne proposerons pas le système allemand pour modèle. Il est inspiré, nous l'avons vu, par une tendance exagérée à la spécialisation, il ne donne pas assez au talent d'exposition, et laisse trop de place à la faveur. Les Français, au contraire, aiment les vues générales, ils préfèrent une clarté peut-être même un peu crue à une profondeur presque toujours obscure, et, dans leur amour passionné pour l'égalité, ne sauraient renoncer au concours, qui, s'il ne garantit pas absolument la justice, en sauve pourtant les apparences. Ce sont des différences nationales. On ne peut pas les négliger.

Tout au moins doit-on, en conservant le concours, lui demander des garanties de savoir. Mais, comme nous le disions tout à l'heure, il est difficile de n'opérer ici qu'une réforme partielle, et l'on est amené à remanier toute l'organisation des Facultés de Droit. Pourquoi s'en étonner, d'ailleurs? Il serait bien étrange qu'en prenant une double nature, elles puissent garder la même forme.

Le règlement du 7 février 1891 maintient l'unité d'agrégation.

Les agrégés issus du concours sont donc tous agrégés en Droit, tous aptes à être investis d'un quelconque des enseignements des Facultés de Droit, et, comme par le passé, le fond, la substance même des épreuves est le droit civil français et le droit romain.

Cependant, parmi ces épreuves il s'en trouve deux, une écrite et une orale, sur une matière facultative choisie par le candidat entre les suivantes : le droit criminel, le droit constitutionnel et administratif, le droit international public, l'histoire du droit, l'économie politique. Le ministre puisera ensuite, dans les indices que révèlent, tant ce choix même, que le succès de l'épreuve, les éléments d'une bonne répartition des agrégés entre les diverses Facultés et d'une convenable distribution des enseignements.

Ce système n'a fonctionné qu'une fois, on ne peut donc pas encore le juger. Nous nous permettrons toutefois d'émettre une opinion inspirée par nos propres observations autant que par nos renseignements. A notre avis, ce système est incomplet : d'abord en ce sens que, s'il donne une certaine garantie que les chargés de cours seront des spécialistes dans leur enseignement, il n'en fournit aucune semblable (ce qui pourtant est bien plus utile) en ce qui concerne les titulaires. Pour comprendre cette critique, il faut connaître les habitudes invétérées et, au fond, parfaitement justifiées, des Facultés de Droit en matière de présentation aux chaires. Théoriquement, elles peuvent présenter des candidats appartenant à d'autres Facultés; en fait, elles ne présentent cependant que des agrégés pris dans leur propre sein. Théoriquement, elles devraient tenir compte des spécialités des divers agrégés; en fait, elles ne tiennent compte que de l'ancienneté. Ainsi nulle compétition, nul examen des titres, une règle impartiale, mais mécanique, un recrutement local. Les motifs en sont faciles à saisir. L'administration, très paternelle, place, aussitôt que possible, les agrégés dans la Faculté de leur choix. Une fois là, ils demandent très rarement à changer, puisque, dans le système français, il n'y a aucun avantage au changement, les traitements et l'avancement étant les mêmes pour toute la France sauf Paris. On désire ne pas changer, mais on veut avancer; et, comme on ne le peut que par le titulariat obtenu sur place, on vise ardemment celui-ci. Les relations amicales, la confraternité des collègues font le reste. Peut-on voter pour un inconnu au détriment du collègue avec lequel on vit depuis de longues années? Bien plus, entre deux agrégés de la même Faculté, l'un spécialiste pour la chaire vacante, l'autre voué à un autre enseignement, peut-on se décider exclusivement d'après les titres, lorsque, par là, l'agrégé le plus ancien risquerait d'attendre longtemps un avancement légitime? Ces raisons, fort honorables, expliquent et justifient la pratique des Facultés. Mais on voit que, dans la réforme actuelle, rien ne vient les combattre. Les défauts de cette pratique en seraient simplement rendus plus choquants par le fait que les spécialistes sacrifiés seraient au moins des spécialistes vérifiés au concours.

Il faut donc absolument réformer le recrutement des titulaires si l'on veut que la réforme de l'agrégation porte ses fruits.

Le gouvernement l'a parfaitement compris, et, très probablement, à l'heure où nous écrivons ces lignes, notre vœu est réalisé. Le but est de donner aux agrégés l'avancement auquel ils peuvent prétendre, sans pour cela les obliger à solliciter et à prendre des chaires qui ne sont pas dans leur spécialité. Le moyen, très ingénieux, consiste à créer pour toute la France un certain nombre de professeurs sans chaire, jouissant absolument des mêmes prérogatives que ceux qui en sont pourvus. Naturellement, ces titulariats personnels seraient accordés, de préférence, aux plus anciens agrégés. Ceux-ci étant par là désintéressés, la Faculté recouvre toute sa liberté pour la présentation aux titulariats réels. Elle peut présenter soit des agrégés, soit des professeurs du dehors, puisqu'elle ne fait pas tort aux siens, elle ne tient plus compte que des titres : peu à peu, les titulaires personnels prennent les titulariats réels appropriés à leurs aptitudes, en laissant libre leur titulariat personnel, dont profitent les autres agrégés de France les plus anciens après eux. Ce mécanisme apporte la souplesse nécessaire à un système trop rigide, et nous paraît de nature, avec quelques modifications peut-être, à satisfaire également tous les intérêts[1].

Après avoir indiqué par là le complément nécessaire de la

----

[1] La réforme que nous annoncions au texte n'a pas eu lieu : le décret du 4 avril 1892 dont on attendait cette innovation n'a créé que de nouveaux titulariats réels. La raison qui a fait hésiter l'administration paraît être que les titulariats personnels ne peuvent être établis par simple décret, mais seulement par une loi. Le Ministère ne s'est cependant pas découragé, et, en ce moment même, les Facultés sont invitées à émettre leur avis sur la question des titulariats personnels.

réforme de l'agrégation, revenons à cette agrégation elle-même.

Il nous paraît que le système nouveau ne donne pas encore assez de place à la spécialisation, et surtout qu'il ne fournit pas des juges compétents des diverses spécialités. Le dernier concours était jugé par une commission de onze membres, dont trois conseillers à la Cour de cassation. Cette commission comprenait cinq spécialistes, correspondant aux cinq spécialités entre lesquelles pouvait choisir le candidat. Presque toujours donc, l'épreuve orale spéciale, était appréciée par neuf ou dix juges, sur onze, étrangers à la matière. Ils s'en remettaient ou à l'impression que leur laissaient les autres épreuves ou à l'opinion de leur collègue spécialiste, ce qui, dans les deux cas, faussait également l'esprit du concours.

Quant aux candidats, ne les abandonnait-on pas ainsi trop exclusivement aux préjugés, aux passions d'un seul juge? Deux épreuves subies dans ces conditions, surtout pour les matières les plus distinctes du droit civil, comme l'Économie Politique, sont-elles une garantie suffisante de fortes études antérieures? Enfin, est-il vraiment possible de comparer, pour donner des places dans un concours unique, des leçons portant, l'une sur l'Économie Politique, l'autre sur le Droit criminel?

La solution qui s'impose est donc un sectionnement dans l'agrégation des Facultés de Droit. Le ministre s'inspirera évidemment des rapports si étudiés que lui ont fournis les Facultés de Droit sur ce point, peut-être même leur demandera-t-il un nouvel avis. Nous ne saurions, dans une étude comme celle-ci, ébaucher même le plan de cette réforme. Une pareille digression nous entraînerait trop loin et romprait l'harmonie de notre travail. Nous nous contentons de dire quels sont, à notre sens, les enseignements connexes à l'Économie Politique qui devront faire partie du même groupe qu'elle, afin d'assurer à la fois et la compétence de tous les membres du jury, et la largeur de vue nécessaire chez les futurs professeurs.

Avant tout, si l'exemple de l'Allemagne doit servir à quelque chose, si les éloges que nous avons donnés à son enseignement sont justifiés, il faut aider, guider, dominer la science et l'art de l'Économie Politique par l'Histoire. Remplacer le point de vue statique, qui était jusqu'ici celui de l'École française par le point de vue dynamique, obliger l'économiste à connaître l'économie sociale des divers peuples, les successions, les relations de phénomènes sociaux, voilà la réforme qui s'impose. Nous n'avons aucunement par là la prétention d'astreindre le futur professeur à la méthode historique, mais nous voulons qu'il la connaisse, et que, s'il devient plus tard un *a prioriste* ou un déductif, ce ne soit pas du moins par intimidation ou par paresse. L'Histoire du Droit, tant public que privé, devra donc se trouver dans le même groupe que l'Économie Politique. Mais, à vrai dire, l'Histoire à des degrés divers devrait être comprise dans tous les groupes, car elle éclaire toutes les sciences sociales : en dehors d'elle on peut faire la manœuvre de la science, on n'en saurait faire la philosophie.

Notre étude sur les Universités allemandes nous montre que dans le même groupe devraient aussi se rencontrer les Sciences d'État. Qu'on admette ou non l'intervention de l'État dans les rapports économiques, il faut connaître ce mécanisme social d'une importance capitale, on ne peut pas plus longtemps tolérer qu'il soit critiqué et jugé *a priori* par des gens qui l'ignorent. D'ailleurs la Science des Finances n'est qu'une science d'État. La statistique ne peut être faite que par l'intermédiaire de l'État, et ses principales observations portent sur l'activité de l'État. Enfin, n'est-il pas évident que la science de la société et la science de l'État doivent se pénétrer aussi intimement que se pénètrent et que réagissent l'une sur l'autre l'activité des gouvernants et celle des gouvernés? Nous rangerions dans ce groupe le droit constitutionnel, le droit public et administratif, le droit international public, et, plus tard, la science de l'État, lorsqu'elle sera plus formée[1].

Bien entendu, l'Économie Politique s'annexerait la Science des Finances et la Statistique. Nous verrions même des avantages à ce qu'on exigeât certains travaux pratiques sur des données statistiques. L'économiste ne doit pas nécessairement être un statisticien; mais il faut qu'il connaisse la valeur des chiffres sur lesquels reposeront ses théories.

Quant à la question de savoir si, dans ces deux ou trois groupes d'agrégation il n'y aura pas, outre l'Histoire, des matières communes, afin de maintenir l'unité d'origine, de faciliter le service,

[1] Cpr. Lyon-Caen, dans la *Revue int. de l'enseign. supér.*, t. XIV, 1887, p. 464.

nous ne pouvons pas la traiter ici. Il nous suffit d'avoir exposé les
exigences des sciences sociales. La composition de ce groupe telle
que nous l'indiquons, entraînerait dans le jury une composition
correspondante. Avec un choix convenable des sujets d'épreuve,
tous les membres du jury, même dès le début de l'institution, se
trouveraient compétents, et leurs spécialités diverses n'auraient ici
pour effet que de combattre les tendances de sectaire qui germent
toujours, plus ou moins, dans l'esprit de tout spécialiste. On pourrait alors attacher moins d'importance au choix des économistes
qui entreront dans le jury ; nous trouverions même utile que des
membres de l'Institut ou les chefs de l'orthodoxie y fussent
appelés de temps en temps. Ils seraient toujours retenus par le
contrepoids des historiens et le contact de savants d'opinion
opposée ; enfin, grâce aux relations qui s'établiraient durant ces
longues épreuves, peut-être acquerraient-ils un peu de cette
tolérance qui, jusqu'ici, leur a fait défaut.

§ 2. *Les cours et les séminaires.* — Nous nous sommes déjà
expliqué sur la différence du système allemand et du système
français en ce qui concerne le nombre des leçons. Elle provient
en partie de l'absence d'examens réguliers, qui laisse aux professeurs et aux élèves une plus grande liberté d'enseigner et d'apprendre ; en partie, et surtout, du mode différent de rémunération.
Nous ne pouvons traiter ici la question d'une réforme. Elle n'est
pas dans notre sujet. Contentons-nous de dire qu'il est contradictoire de vouloir des Universités florissantes et des professeurs
pauvres. L'Université n'est pas seulement réelle, elle est personnelle ; il faut que ceux qui la constituent, dans une démocratie
plus qu'ailleurs, aient les moyens de prendre et de soutenir le
rang social auquel ils sont appelés.

Des cours. Au point de vue spécial du nombre des enseignements économiques, nous approuvons pleinement la création du
cours de Science Financière. Nous avons vu aussi avec satisfaction
l'introduction du cours de Législation Industrielle. A notre avis cet
enseignement doit être rattaché au groupe économique. Il peut,
sans doute, être conçu dans un esprit exégétique et traité par la
méthode propre à l'enseignement du droit civil ou du droit commercial ; mais si on veut lui donner sa véritable portée scientifique, il doit l'être au point de vue de sa philosophie, c'est-à-dire
en rapprochant à chaque instant la législation positive des ques-

tions économiques qu'elle a pour but de résoudre : peut-être en pourrait-on dire autant du cours de Législation coloniale. Mais voici une grave lacune à signaler. Nous n'avons point dans les nouveaux programmes le cours de Statistique. Une seule Faculté le possède, Paris [1]. Ce n'est pas assez. Toute science est abstraction, même la science sociale : mais il faut l'habituer à construire ses abstractions sur les faits; sans cela, elle n'abstrait que sur des axiomes.

Toutefois, si larges, si généraux que soient les nouveaux programmes, ils ne contiennent et ne pourront jamais tout contenir. Le professeur, dans ces sciences où tout est à faire, a besoin d'initiative, non seulement pour sa méthode, mais pour la recherche de sa voie. Ne pourrait-on combiner les avantages du système allemand avec les règles de notre système français, par exemple en décidant que le professeur d'Économie Politique adjoindra à son cours pendant un semestre un autre enseignement économique dont le choix lui serait abandonné? Les uns feraient l'histoire des idées économiques, les autres celle de l'agriculture, de la propriété, un troisième traiterait des banques, un autre de la question sociale, etc., etc. Tous les terrains seraient ainsi explorés. Quelques-uns de ces cours seraient publiés. Ils donneraient lieu tout au moins à des articles de revue. Il y aurait un peu plus de variété, de rivalité, de vie, dans les Universités. Le professeur y gagnerait plus de liberté, et l'administration n'y perdrait aucun droit. Il nous semble même qu'elle serait dans son véritable rôle, qui ne saurait être de diriger, mais de faciliter l'éclosion des idées nouvelles.

Du séminaire. On sait qu'en Allemagne le séminaire privé a une importance scientifique plus considérable que le cours. Dans nos Facultés de Droit, il n'y a jamais eu de séminaire privé. Le séminaire a été conçu comme un séminaire d'État, ayant une portée pratique, et même comme un proséminaire ayant surtout pour but de préparer aux examens. Le séminaire s'appelle chez nous conférence : la conférence est « destinée à compléter l'enseignement

---

[1] Le cours de statistique avait été inauguré à la Faculté de Droit de Bordeaux. Mais le professeur qui en était chargé, notre brillant collègue M. Fernand Faure vient d'être nommé (13 mars 1892) professeur titulaire de la chaire de statistique à la Faculté de Droit de Paris, qui n'avait point encore été dotée de cet enseignement.

des professeurs titulaires » (décret du 30 juillet 1886, art. 2). Un
texte dit même qu'elle doit se proposer la révision des matières
en vue de l'examen (arrêté du 27 décembre 1881). Aussi le soin
de diriger ces conférences a-t-il été abandonné aux agrégés.

Nous n'avons pas à parler des conférences sur les matières juridiques. Un mot nous suffira. Si elles sont une répétition en vue
de l'examen, nous jugeons que l'examen de Droit n'offre pas tant
de difficulté que l'élève ne puisse y suffire, et nous pensons que
l'activité des agrégés peut être mieux employée que dans ce travail sans attrait. Si elles ont pour but de former des praticiens [1],
il faut stimuler les agrégés à plaider, tandis qu'il semble bien que
la tendance actuelle soit de les en détourner. Si elles ont une portée
scientifique, nous déclarons que la direction de la conférence ne
peut être bien exercée que par le professeur lui-même. Tout au
moins faudrait-il que l'agrégé fût de la même spécialité que le professeur, tandis qu'aujourd'hui un agrégé, chargé pour son compte
d'un cours tout à fait technique, ne peut en même temps s'occuper
d'une matière différente avec assez de soin pour y former des
savants [2].

Les conférences ayant, de fait, le caractère de répétition en vue
de l'examen, les agrégés qui les dirigent portent tous leurs efforts
sur le droit civil et le droit romain, autant parce que ces matières
sont les plus importantes que parce qu'elles sont les plus familières aux agrégés eux-mêmes, celles sur lesquelles, au début surtout
de leurs fonctions, ils risquent le moins d'être écrasés par le cours
du professeur. Les enseignements spéciaux, et particulièrement
l'Économie Politique, sont partout négligés.

Nous ne demanderons point pour les sciences sociales l'auxiliaire
de conférences ainsi comprises. Il faut s'en occuper au point de vue
de la haute culture, ou pas du tout. Nous voudrions pour elles le
séminaire privé avec la souplesse, la force, la vitalité que nous lui
avons vues en Allemagne. Mais comment y arriver? Assurément
les statuts universitaires ne s'y opposent pas. Ils le désirent au
contraire. L'article 11 du décret du 28 décembre 1880 dit que « les
professeurs titulaires peuvent ouvrir, dans les salles de la Faculté,

[1] Cpr. même texte, arrêt du 27 déc. 1881 : « Elles ont pour objet la révision
des cours de chaque année, l'étude critique des auteurs et des arrêts, la pratique du droit. »
[2] *Contrà*, Blondel, *op. cit.*, p. 63-66.

des conférences spéciales sur les matières de leur enseignement ; ces conférences sont gratuites. » Malheureusement les professeurs n'auront pas, pour se charger de ce surcroît de travail, les mêmes motifs que les maîtres allemands ; chez nous, avancement, traitement, réputation même sont immobilisés par notre système de centralisation et la prépondérance de Paris. La gloire ne se monnaye pas comme en Allemagne : et si l'opinion publique tient compte aux provinciaux de leurs insuccès, il est bien rare qu'elle leur sache gré de leurs triomphes. Il n'y a là rien d'encourageant.

Et toutefois nous voulons espérer que l'attrait de ces sciences nouvelles, où, nous le répétons, presque tout est à faire, décidera nos jeunes professeurs à entrer dans cette voie. Nous en avons eu déjà quelques exemples [1]. Que s'ils persistaient à rester dans la majesté de leur chaire, peut-être les réformes que nous avons exposées plus haut fourniraient-elles le moyen d'y remédier. Les agrégés, d'après ce plan, étant divisés en deux ou trois groupes, chaque agrégé d'un groupe aura une aptitude spéciale pour tous les enseignements de ce groupe : il pourra donc plus utilement qu'aujourd'hui être chargé d'un séminaire annexe à ces enseignements. Voilà qui assurera sa compétence. Quant à son zèle, il sera aussi beaucoup plus stimulé qu'aujourd'hui, si les travaux d'un directeur de séminaire doivent lui être comptés comme titres sérieux pour la présentation aux chaires. Enfin, — et qu'on nous pardonne d'y revenir, mais il faut bien prendre la nature humaine telle qu'elle est, — pourquoi se priverait-on du stimulant d'une rémunération pécuniaire ? Depuis que les conférences de droit sont devenues gratuites pour l'élève et n'ont même plus été payées à l'agrégé par l'État, le zèle des maîtres de conférences a notablement décrû. La besogne des conférences est ingrate, fatigante, très utile, pourquoi ne pas la rétribuer ce qu'elle vaut ?

[1] A Bordeaux, nos collègues de la Faculté de droit, MM. Faure et Duguit, ont établi, à titre privé, des colloques et conférences sur des matières économiques et de science sociale, notre collègue de la Faculté des lettres, M. E. Durckheim, a inauguré une sorte de séminaire de statistique sociale dans lequel il dirige avec succès un certain nombre d'étudiants de la Faculté des lettres et de la Faculté de droit. Voici quelques sujets du séminaire de M. Duguit : 1° de la Science de la Sociologie ; 2° origine de la société ; 3° lois de l'évolution, de la différenciation : les facteurs de l'évolution ; 4° la conscience sociale et la conscience individuelle ; 5° de l'origine et de la formation de l'État ; 6° classification des Sociétés.

§ 3. *Sanction de l'étude des sciences économiques.* — On peut, en étudiant les sciences économiques, se proposer des buts divers. Les uns désireront avoir une connaissance générale de la science, cette connaissance que devraient posséder tous les hommes d'une certaine culture, d'un certain rang social : les autres voudront s'y spécialiser dans un intérêt positif ou par penchant naturel; quelques-uns enfin en feront l'occupation de toute leur vie. Il faut à ces trois tendances des disciplines différentes.

Le système français, avec raison selon nous, exige des étudiants une assiduité soutenue pendant les premières années et leur impose la sanction de l'examen. Trop souvent la liberté d'apprendre dégénère en Allemagne en une facilité donnée à la paresse [1]. Les étudiants de licence sont encore trop jeunes pour être complètement abandonnés à eux-mêmes.

Le programme nouveau, en ce qui touche à la sanction des études économiques, nous paraît très sagement conçu. L'Économie Politique est une matière obligatoire. Il est bon en effet que tous, même ceux qui se destinent aux carrières judiciaires, aient réfléchi aux problèmes sociaux, et se soient pénétrés des relations des phénomènes juridiques avec tous les autres phénomènes de la vie des sociétés [2]. Peut-être aurait-on bien fait de maintenir en seconde année cet enseignement et l'examen qui le suit : l'esprit des auditeurs serait plus formé; nous espérons qu'on y reviendra. En revanche, la Science Financière, le Droit Industriel font partie, en troisième année, des matières facultatives, des cours à option. C'est là une très judicieuse concession faite au principe de la liberté d'apprendre. Les jeunes gens sont assez mûrs à ce moment pour choisir leur voie. Ils s'inscriront aux cours qu'ils jugeront les plus utiles, toujours avec la sanction de l'examen à la fin de l'année d'études. Bien entendu, nous ne pouvons ni ne voulons rien préjuger sur l'éventualité de la création d'une licence ès-sciences administratives. Peut-être cette innovation pourrait-elle mieux se réaliser par le moyen d'une réforme du doctorat.

Notre Doctorat en Droit est, encore aujourd'hui, hérissé de programmes et d'épreuves : trois examens, dont un seulement sur

[1] Blondel, *op. cit.*, p. 70.
[2] Cpr. Despagnet, *La fonction sociale des Facultés de Droit (Revue int. de l'enseign. supér.*, 1891).

des matières à option, et une thèse, que l'habitude a transformée en un énorme volume! Les obstacles qui s'opposaient à l'obtention de ce diplôme d'une inutilité pratique presque absolue, avaient fait peu à peu déserter ces études, et, si la loi militaire n'était venue lui donner une importance tout à fait indirecte, le doctorat en droit avait vécu. Il n'aurait plus été sollicité que par les aspirants au professorat. Nous pensons que la pression de la loi militaire aura encore pour effet de faire abréger considérablement ce temps d'étude afin de rendre plus accessible une faveur, qui n'est presque que de la justice (art. 23, loi du 5 janvier 1889). Pourquoi alors ne s'inspirerait-on pas du système allemand? On pourrait créer deux doctorats, l'un en droit, l'autre en sciences politiques; les docteurs des deux ordres, étant tous licenciés, auraient la communauté d'origine, d'idées, de principes. Ils ne se spécialiseraient qu'au moment où la spécialisation ne saurait être un danger, mais devient une nécessité.

Dans le programme du doctorat, on pourrait aussi supprimer beaucoup. Il ne faut pas diriger des hommes faits comme des enfants. Peut-être notre opinion est-elle trop radicale, mais nous déclarons pour notre part que nous ne verrions aucun inconvénient à ce que les examens fussent réduits à un seul, plus la thèse. Il y aurait lieu seulement de créer pour les aspirants à l'agrégation un examen particulier dont l'étendue et la nature, le jury, seraient à déterminer. Dans cet examen de doctorat, le nombre des interrogations étant fixé réglementairement, nous accepterions que le candidat eût la liberté de choisir les matières sur lesquelles il sera interrogé, sous le contrôle de l'autorité supérieure. On devrait apporter ici la plus grande tolérance. Ainsi, étant admis que le sujet de la thèse détermine la nature du Doctorat, nous admettrions parfaitement que le candidat choisît comme matière d'interrogation des enseignements rentrant plus spécialement dans le cycle des matières de l'autre Doctorat. Un candidat au Doctorat ès-sciences politiques pourrait, par exemple, choisir le Droit Romain ou l'Histoire du Droit. L'autorité supérieure (celle du doyen) ne s'y opposerait que si les choix révélaient quelque abus que la pratique pourrait indiquer. Nous admettrions même la pénétration réciproque des Facultés, et, par exemple, que le choix portât sur les enseignements connexes qui sont donnés dans d'autres Facultés, ceux notamment que, déjà aujourd'hui, chaque Faculté désigne

dans ses programmes sous le titre de matières auxiliaires ; pour
l'Économie Politique en particulier, l'histoire, la science sociale,
la philosophie, etc. Nous ne verrions aucun inconvénient à ce que
des professeurs de Facultés diverses vinssent, à cet effet, siéger
dans la même commission. Ce serait au contraire la réalisation de
l'idée universitaire. En un mot, tutelle pour la licence, liberté
pour le doctorat : voilà l'idée de la réforme.

Maintenant les études sont terminées, il semble que l'État puisse
se désintéresser, qu'il ait fait tout son devoir, quelques-uns diront
« plus que son devoir. » Tel n'est pas notre avis. Il peut, il doit
surveiller, de très haut, l'activité intellectuelle du pays. Jamais il
n'imposera de *Credo* à la science (nous n'en dirons pas autant
de la vulgarisation), mais il lui facilitera la voie, il en aidera le
complet développement. Surtout dans les sciences comme les
nôtres, où tout est à faire, il pourra stimuler les recherches, affranchir les esprits, assurer le loyal combat des Écoles rivales.
Nous ne lui demandons pas de prescrire une méthode, ni de favoriser un système, nous ne voulons pas remplacer un joug par un
autre. Nous désirons l'égalité.

Jusqu'à ce jour les traditions administratives nous l'ont donnée. En ce qui concerne le recrutement de nos Universités, les
réformes les plus récentes nous l'assurent. Nous avons ferme confiance que la nouvelle École surgira peu à peu, acquerra la place
qui lui est due, que l'ancienne, sous la pression de la concurrence,
s'imposera la révision et les sacrifices nécessaires, et que les diverses méthodes enfin, maniées sans parti pris, sans esprit de
secte, peut-être par les mêmes mains suivant la nature des recherches, prouveront leur valeur et délimiteront leur champ d'application par leurs résultats. Pourtant nous ne croyons pas que
l'égalité de traitement soit encore atteinte. Nous trouvons que
l'École orthodoxe, grâce à la forte citadelle qu'elle occupe à
l'Institut, aux nombreuses récompenses dont, par ce moyen, elle
dispose, grâce à la franc-maçonnerie de sa presse spéciale, à la
place qu'on lui a faite dans les divers établissements du grand
centre intellectuel de France, Paris, exerce encore une domination
qui peut devenir dangereuse pour l'émancipation de la pensée économique. Il faut lire dans le spirituel article de Ch. Gide[1] la

---

[1] *Political Science Quarterly*, vol. V, no 4).

psychologie du membre correspondant de l'Institut, depuis la *nursery* de la librairie Guillaumin jusqu'à la lecture à l'Institut, qui est la vue sur la terre promise, où bien peu mettront le pied. Tourné invariablement vers l'Institut d'où il tirera le titre de lauréat, les prix de valeur respectable, la considération, les honneurs, il s'habitue à traiter les autres opinions ou les travaux de l'étranger comme des quantités négligeables, et vient grossir cette Église un peu routinière qui s'est fait juger si sévèrement au dehors [1]. Il serait bon, pendant quelque temps tout au moins, de balancer cette influence par d'autres intérêts proposés aux jeunes gens. Nous voudrions qu'à l'instar de ce qui se fait pour les agrégés d'histoire, deux ou trois bourses de voyage fussent accordées annuellement aux auteurs de nos meilleures thèses de doctorat sur un sujet d'économie politique. Nous serions bien étonné si une pareille récompense, quelque minime qu'elle soit, ne nous valait pas vingt bonnes thèses par an. Le succès donnerait au vainqueur le titre de lauréat, il lui faciliterait la vente de son œuvre et ferait connaître son nom. Le voyage le dégagerait des influences d'école. Rien n'est suggestif comme le retour sur nous-mêmes auquel nous oblige le spectacle et le contact de nos rivaux. Fait en pleine maturité, ce travail est décisif. Il affranchit définitivement l'esprit, et fait surgir la personnalité. Quand le jeune docteur retournerait dans son pays, on ne l'enrôlerait plus dans une secte; il aurait jugé les maîtres, et serait devenu le sien.

Bourses de voyage, réforme de l'agrégation et du titulariat, développement des séminaires, extension des programmes, liberté plus grande d'enseigner et d'apprendre : dans notre pensée tout cela se tient, tout cela fait système, un système qui, vigoureusement appliqué, nous ferait bien vite regagner l'avance des Universités allemandes. C'est avec détails, parfois peut-être avec complaisance, que nous avons décrit leurs méthodes, leurs résultats : mais si l'on nous a bien lu, on a vu que ces avantages étaient tout formels et provenaient de leur organisation. Tandis que l'Économie Politique en France, jusqu'en 1877, n'était étudiée que dans quelques journaux, quelques revues, ou dans de rares chaires dépourvues d'auditeurs réguliers, l'Allemagne, depuis le siècle dernier, avait un enseignement méthodique, suivi, complet de

[1] R. Ely, *Introduction to political Economy*, p. 324.

cette science dans de nombreuses Universités. Tandis que, par suite de notre malheureuse ignorance des langues étrangères, nous en étions réduits à ne lire les ouvrages que d'une seule École, les Allemands, qui possèdent presque tous les langues usuelles, profitaient de toutes les manifestations de la pensée économique. Ces inégalités vont disparaître. La réforme de nos programmes assurera à l'élite de notre jeunesse un enseignement intégral et varié : la réforme du recrutement et les bourses de voyage obligeront nos jeunes maîtres à communiquer avec les savants étrangers, qui, du reste, aujourd'hui, peuvent, dans certains recueils, s'adresser directement au public français.

Ces causes tout extérieures d'infériorité supprimées, les deux nations vont se retrouver face à face avec leurs qualités propres. Nous ne parlerons ni de lutte ni de victoire. La civilisation saura se servir harmoniquement du génie des deux peuples. Nous envisageons avec sérénité l'avenir réservé au nôtre. Le pays où est né la science sociale ne se laissera pas ravir l'honneur de son épanouissement.

ERRATUM.

Page 46, *au lieu de :* fur, *mettez :* für.
Page 55 (note), *au lieu de :* wahrend, *mettez :* während.
Page 56 (note), *au lieu de :* Klassenblidung, *mettez :* Klassenbildung.
Page 56, *au lieu de :* Klassencildung, *mettez :* Klassenbildung.
Page 59 (note), *au lieu de :* Finanzwirtschschaft, *mettez :* Finanzwirtschaft.
Page 61, *au lieu de :* démontré, *mettez :* démontrée.
Page 69 (note), *au lieu de :* Streifragen, *mettez :* Streitfragen.
Page 75 (note 2), *au lieu de :* 1842, *mettez :* 1802.
Page 76 (note), *au lieu de :* Die Valuta. — Reguliruug, *mettez :* Die Valuta-Regulirung.
Page 78 (note), *au lieu de :* Wertheoreen, *mettez :* Werththeorien.
Page 78, *au lieu de :* Rosten, *mettez :* Kosten.
Page 78 (note 2), *au lieu de :* Das Krasien-und Begräbnissvernkcherungswesen, *mettez :* Das Kranken-und Begräbnissversicherungswesen.

TABLE DES MATIÈRES.

PREMIÈRE PARTIE.

Pages.

DE L'ESPRIT DE L'ENSEIGNEMENT DE L'ÉCONOMIE POLITIQUE... 3

CHAPITRE I. — L'Économie Politique allemande en tant que science.... 5

A) L'École allemande propreme it dite........................ 8
B) L'École autrichienne................................... 16

CHAPITRE II. — Position de l'Économie Politique allemande par rapport
à la politique économique............................ 23

Le socialisme de la chaire................................ 25
Son influence sur la Politique sociale de Guillaume Ier et de Guillaume II.. 45

CHAPITRE III. — Spécialités................................. 50

Berlin.   Schmoller.................................... 52
            B. Wagner.................................. 56
Leipzig.   Brentano................................... 60
Halle.   Conrad..................................... 63
Göttingen. G. Cohn.................................... 66
            Lexis...................................... 68
Würzbourg. Schanz..................................... 70
Tübingen.   Schönberg.................................. 71
            Neumann.................................... 73
Vienne.   Carl Menger................................ 74
            v. Böhm-Bawerk............................. 76
            v. Miaskowski.............................. 78
Prague.   Sax.. 78
Innsbruck. Mataja..................................... 79

DEUXIÈME PARTIE.

ORGANISATION DE L'ENSEIGNEMENT.............. 81

CHAPITRE I. — Observations générales........................ 82

1re Section. Place de l'Économie Politique dans l'Enseignement.... 82
2e Section. Du personnel enseignant......................... 88
3e Section. Du cours....................................... 94
4e Section. Du séminaire................................... 101

Pages.

CHAPITRE II. — Particularités propres aux divers États............... 108

Prusse.. 109
Saxe... 113
Reichsland... 114
Grand-Duché de Bade.. 114
Bavière.. 115
Würtemberg... 116
Autriche... 117

TROISIÈME PARTIE.

COMPARAISON AVEC LE SYSTÈME FRANÇAIS............ 119

L'École orthodoxe française..... 119
Recrutement du personnel enseignant..................... 125
Le cours et la conférence............................... 130
Sanction des études économiques......................... 133

FIN DE LA TABLE DES MATIÈRES.

BAR-LE-DUC, IMPRIMERIE CONTANT-LAGUERRE.